国境で読み解く ヨーロッパ

境界の地理紀行

加賀美雅弘 ［著］

朝倉書店

本書で旅する国境 （○数字は「Travel」□数字は「国境アラカルト」の番号を示す）

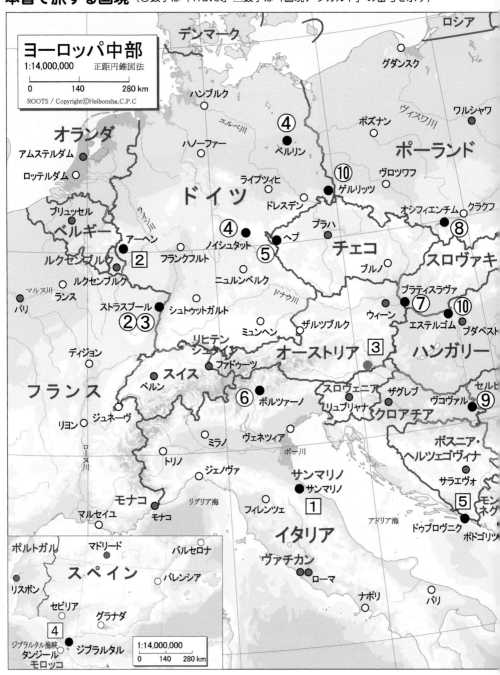

ヨーロッパ中部
1:14,000,000　正距円錐図法
0　　140　　280 km
ROOTS / Copyright©Heibonsha.C.P.C

ロシア

デンマーク

グダンスク

ハンブルク

ハノーファー
ベルリン ④

ポズナン

ワルシャワ

ヴィスワ川

ポーランド

オランダ

アムステルダム

ロッテルダム

ブリュッセル

ベルギー

アーヘン

ルクセンブルク
ルクセンブルク ②

マルヌ川

ランス

パリ

ドイツ

エルベ川

ライプツィヒ

ドレスデン

ヘプ

プラハ

ヴロツワフ

ゲルリッツ ⑩

オシフィエンチム ⑧
クラクフ

ノイシュタット ④

フランクフルト

ニュルンベルク

ストラスブール
② ③

シュトゥットガルト

チェコ

ブルノ

スロヴァキア

ブラティスラヴァ ⑦

エステルゴム ⑩
ブダペスト

ディジョン

フランス

リヨン

ジュネーヴ

ベルン

スイス

リヒテンシュタイン
ファドゥーツ

ミュンヘン

ドナウ川

ザルツブルク

ウィーン

オーストリア ③

ハンガリー

ボルツァーノ ⑥

スロヴェニア
リュブリャナ

ザグレブ

クロアチア

セルビア

ヴコヴァル ⑨

ミラノ

トリノ

ヴェネツィア

ポー川

サンマリノ
サンマリノ ①

ボスニア・
ヘルツェゴヴィナ

サラエヴォ

ジェノヴァ

モナコ
モナコ

リグリア海

マルセイユ

フィレンツェ

アドリア海

ドゥブロヴニク

モンテネグロ ⑤
ポドゴリツァ

イタリア

ヴァチカン
ローマ

ポルトガル

マドリード

バルセロナ

スペイン

リスボン

セビリア

グラナダ

バレンシア

ナポリ

バリ

ジブラルタル海峡
タンジール
モロッコ
ジブラルタル ④

1:14,000,000
0　　140　　280 km

はしがき

　ヨーロッパの国々を旅していると，どこもそれほど大きくないせいか，いつの間にか国境ということがよくある．地図を見ると，たしかにヨーロッパは国境だらけである．しかもそれを越えると言葉が通じなくなったり，暮らし向きが違う人々に出会えたりする．日本にいるとそのような機会は限られているので，国境は非日常的な場所に見える．ところが，ヨーロッパでは各地で簡単に近寄ることができるし，自由に越えて通勤や買い物に出かけている．国境が気軽に行ける日常的な場所なのだから驚きである．

　実際，ヨーロッパの国境は見どころが尽きない．ベルギーに近いオランダの町バールレ ナッサウのように，町の中にベルギーの領土がちりばめられているところがあれば，スロヴェニアとクロアチアは地中海に面した土地をめぐってともに譲らず，地図に2本の国境が引かれているところもある．一方，スペインとフランスの国境にあるフェザント島は半年ごとに統治が変わることで知られており，どちらの国の領土にもなっていない．

　さらに変わったところでは，リトアニアの首都ヴィリニュス市内にあるウジュピス共和国．主権国家ではないが，建国の日とされる4月1日だけ国境で検問が行われ，パスポートがないと入国できないという不思議な国である．このほかヨーロッパを探すと，あちこちに飛び地があり，町はもちろん家の中を国境が走っているところありで，気になる国境を挙げればきりがない．

　1983年に当時の西ドイツに初めて滞在して以来，ヨーロッパで地理学の調査を続けてきたが，国境は常に気になる存在であり続けてきた．人々が自由に行き交う光景に驚かされた一方で，検問で行く手を阻まれた人々にも出会った．国境に関わる人々の暮らしや社会にも触れてきた．現地を歩きまわり，人々に話を聞くほどに新しい発見がある．国境は世界各地にあるが，恐らくこれほど詳しく観察できるのは，ヨーロッパ以外にはないだろう．

　その一方で，国境越えはヨーロッパの旅のおもしろさに直結する．思い出すのは1984年の夏．訪ねてきた友人をパリまで送ろうと，住んでいたドイツのハイデルベルクから列車で行くつもりが乗り遅れ，思い切って自分の車（白のビートル）で向かったときのこと．国境を越えると，起伏に富んだのどかなフランスの田園風景がひろがる．やがてパリの町並みが見えてきた時の感動が今も忘れられない．ドイツの町に馴染んだ目に，圧倒的な大都会に映ったからである．

かつてフランスを訪れたドイツの要人たちも，こんなふうにパリの風景に目を奪われたのだろうか．町を歩きながら思いを馳せると，自分なりに見えるパリの風景があるかのように思えてくる．あれこれ想像するだけで旅の感じ方が違ってくるようで，ますます国境に興味が深まったものである．

　地理学の視点をもって旅する．ふりかえれば，これまでそうしてヨーロッパの国境を巡ってきた．まさに国境の地理紀行．それをまとめたのが本書である．2020年初頭に本の企画が立ち上がり，新型コロナウイルス流行があって現地に向かうことはできなかったものの，手持ちの資料と撮りためてきた写真を頼りにして，これまで続けてきた国境の旅を振り返りながら書き起こした．

　実際，執筆は思った以上に旅を実感するものになった．写真のストックからそれぞれの国境にまつわるものを選り出し，当時の記録を記したフィールドノートを読み返しながら旅を再現させる作業．それはあたかも現場での追体験となり，気持ちもおのずと弾んでくる．居ながらにしてヨーロッパ各地への思いを巡らせることになり，終始ワクワクしつつ原稿に向かった．

　こうした経緯があってか，書き上げてみるといささか記憶の旅を連ねた感がなくもない．ただ，これまで訪ね歩いた国境のうち特に感動が大きかったところをご案内したので，その魅力はお伝えできたと思っている．いくつもの国境をご覧になりながら，ヨーロッパという地域の個性に触れていただければ幸いである．また，掲載した写真にはかなり以前に撮ったものも混じっている．お読みになって，ここぞと思われる国境にご自身で足を運んで最新の現場を目にされ，豊かな想像を楽しまれるならば，案内者としてはうれしい限りである．

　思えば，二度のドイツでの長期滞在がヨーロッパの国境を見据えるきっかけになった．それぞれ支援を受けたドイツ学術交流会（DAAD）とアレクサンダーフォン フンボルト財団には，心から感謝の意をお伝えしたい．また在スロヴァキア日本大使館の増根正悟さんにはコロナによる規制のなか，現地での撮影を引き受けていただき，お陰で貴重な写真が盛り込めた．ありがたい限りである．そして，ヨーロッパの国境の話に興味を示され，出版を勧めてくださった朝倉書店に厚くお礼を申し上げる．思うまま書き綴った旅が生き生きとしたものに仕上がったのは，地図と写真で確かめながらバーチャル国境越えに同行してくださった編集の皆さんのおかげである．今度はぜひご自身で現地に確かめに行かれることを願いつつ，心から感謝する次第である．

　2022年3月

加賀美雅弘

目　次

Travel 1 ヨーロッパの国境の景観
―地理学から見る国境の魅力―

オーストリアの国境を示す表示板と標石 (2016年8月)
国境標石にM（ハンガリーの正式名称マジャロルサーグ）と，国境が設定された
1922年が記されている．オーストリア側だけに車線が引かれている．

□ 景観を観察する地理紀行

　ヨーロッパに地図を専門に売る店があるのをご存じだろうか．よく知られているところでは，たとえばベルリンのシュロップとかウィーンのフライターク＆ベルントといった18世紀創業の老舗の名が挙がってくる．しかし驚かされるのは，地方の町にも地図の専門店が見られることだ．日本ではそういう店はごく限られているので，こんな町にも地図の店があるのかと意外に思うほど．商店街を歩いていくとそれほど苦労しないで，ショーウィンドーに地図や地球儀を飾った店が見つかるはずである①．

　店に入ると，棚一面に地図が整然と並べられていて，ヨーロッパ各国はもちろん，主な都市の市街図なら間違いなくそろっている．ハイキングやドライブ向けの地図も充実していて，地図を手に取って眺めるだけであちこち出かけたくなってくる．さらには世界地図の書棚を探っていくと，見たこともないような地図帳が出てきたりする．

①ドイツ・フライブルクの地図専門店 (2014年3月)

②**フェルメールの『地理学者』**
(1668〜1669年作)

とにかく地図好きにはたまらない.

　それにしても店内にはたいがい客がいる. 客層もいろいろで, 意外なほど若い女性客も多い. また店員に探している地図を尋ねれば, すぐに出てくる. まるで頭の中にまで地図が入っているかのようだ. そういう店の様子を見ていると, ヨーロッパでは地図が日用品だと感じずにいられない. 地図への関心が高いのだろう. ヨーロッパには, 近代になって膨大な数の地図づくりがなされてきた歴史があるので, それ以来の伝統なのではないか. つい想像が膨らんでくる.

　さて, ヨーロッパで地図が親しまれていると言うと思い出されるのが, 近世オランダの画家・フェルメール（1632-1675）の有名な油彩画「地理学者」である②. これは当時の地理学者を描いた作品で, 彼のまわりにはいくつもの地図が無造作に置かれ, 壁には海図, 棚の上には地球儀も見える. また, 右手には地図上の距離を測るためのディバイダが握られている. まさに地図とともに生きた地理学者の姿がそこにある.

　この絵が描かれたのは17世紀後半. 祖国オランダが東インド会社を設立して広く通商のネットワークを広げていた時代である. 16世紀末以降, オランダでは商工業が発達して商人たちがこぞって世界に繰り出し, 各地から新しい情報を次から次へと持ち帰ってきた. それを手際よくまとめ上げたのが地理学者だった. 彼らはさまざまな場所を特定してそれを地図に示す技を競った. 有名なメルカトルが紙の上に世界を描く投影法を開発して世界地図をつくり, 地図を広げて未知の土地について語る地理学者たちがいた. 山や川, 都市や港の位置を地図上で確認する彼らの目は, いつも世界各地に向けられていた. フェルメール自身, 恐らくこうした地理学者の姿にロマンを感じていたのだろう.

　地図を使う地理学者. この絵自体はあまりに有名なのだが, では目を転じて現代の地理学者はどうだろうか. 実は, 今の時代も地図を使って仕事をしている点では大きく違わない. ただ何を研究しているのか, 彼らの正体は意外に知られていないかもしれない. 地理と聞くと地名や統計の暗記ばかりで, 覚えるだけの忌まわしい思い出しかない. そういう方もおられるのではないだろうか.

　しかし, 地理学はもちろん暗記を目指す分野ではない. 一口で言えば, なぜある地域で特有の自然現象や人々の暮らし, 社会や文化が起こり, 見られるのか.

③**車で移動が便利な国境へのアクセス**（1984年5月）
ヨーロッパでは自動車でどこにでも行ける.

この疑問に対する答えを追求する分野である. そしてそのためには特定の場所を示す地図が必要になる. 今ではフェルメールの時代とは比較にならないほど精度の高い地図が手に入るので，それを持って地理学者は現地に出かけている. あらゆる交通手段を駆使すれば，今や世界中で行けないところはない③. つまり，世界中が地理学者の研究の対象というわけである.

そもそも地理学の成り立ちを探ると，その原点は探検にさかのぼる. 未知の地域を訪ねて，地形や植物，人の暮らしなど調べると必ず新しいものが発見できる. その魅力に駆られて，古くから実に多くの探検家たちが世界各地に踏み込んできた. ドイツの探検家アレクサンダー フォン フンボルト（1769-1859）もそのひとりである. 彼はとりわけ南アメリカに関心をもち，現地の様子をつぶさに観察して記録に残していった. しかもその観察が他の探検家と明らかに異なっていたことから，今日に至るまでその名は学術界で広く知られている.

ではフンボルトは何をしたのか. 彼はアンデス山脈に出かけて，赤道直下の山のふもとから登るにつれて気候や動植物，人の暮らしが変わることに興味をもち，なぜそのような違いがあるのか，理由を考えた. さらに，アンデスでの標高による違いを観察したことから，各地の情報を駆使して，地球の赤道から高緯度までの多様な自然環境の把握を試みた. つまりアンデス山脈での調査から地球全体を推理したのである. 現地でのフィールドワークをもとにして世界を語る. これは現代の地理学が極意とするところであり，そこに研究の醍醐味があるのだが，その先駆となったのがフンボルトだった.

現代の地理学者も，旅をするのが仕事であることに変わりはない. そして出かけた先で何をしているかと言うと，まず手がけることのひとつに景観の観察が挙げられる. 「景観」というのは，基本的には目に見える風景のこと. 英語では景観も風景もlandscapeで同じである. しかし地理学でいう景観は，特定の地域の自然や人々の暮らし，産業や社会などをヴィジュアルに示すものに限られる. そしてこれらが地域限定で起こる背景を探るために，地理学者は景観がそこにある理由を推理する. つまり景観は，地域を知るための手がかりというわけである.

ちなみにここで言う景観には，たとえば地面の起伏や曲がりくねった道路，立ち並ぶ古い民家，畑の作物や町工場，高層ビルや歩道橋，さらには土産物屋や外

国語の看板など，挙げればきりがない．現地ではこれらの景観を観察しながら，それがなぜあるのかをその場所の自然や歴史，文化などと関連づけながら推理していく．あるいは，かつての鉄道の廃線跡のような昔の景観からは，現在までの地域の変化との関連も推理できるだろう．

　そして景観を読み取り，推理を実証する作業を続けることによって，その場所の自然や歴史，人々の暮らしが相互に関わりをもちながら移り変わってきたという，いわば「地域の物語」が見えてくる．地理学は地域の特徴を説明する分野と言われるが，まさにこの「物語」を示すことにこそ，地理学のゴールがある．

　以上，地理学が現地観察での推理に始まる分野であること，お分かりいただけただろうか．そのうえで，ここで地理学の視点をもって旅する「地理紀行」をご

④地理紀行に携行するアイテム
地図とカメラとフィールドノートは欠かせない

紹介しよう．出かけた先で景観を観察したり土地の人々の話を聞いたりして，現地の様子を知り，なぜそうなっているのかを考える．また，カメラで撮影したりフィールドノートに書き込んだりして④，あとで写真などを見返しながら現地で見たことの理由を確かめたりする．観察力と好奇心があれば，どこに出かけても土地の様子

や特徴を幅広くつかむことができる．それが地理紀行である．

　実際，現地での観察は興味が尽きない．旅先には必ずその土地固有の景観や人々の暮らしがあり，それを目にすることができる．予想しなかった光景に出くわすことも少なくない．それほど現地は刺激的でおもしろい．もちろん，地理紀行が楽しめるのは地理学者に限らない．好奇心旺盛な読者の皆さんなら，旅先や身近な場所でも地理紀行を体験できるはずである．景観を見て，そこから「地域の物語」を想像する．カメラを持って出かければ，きっと新しい発見があるだろう．

□ 国境の景観をとらえる

　さて，このような景観を観察する地理紀行の目的地として，国境は興味深い場所になる．何しろ国境にはそれぞれ独特の景観があり，それを手がかりにして国境の特徴を知ることができるからである．

　国境は，世界各地でさまざまなところに引かれている．陸上であれば山や谷，

川や湖などの地形を利用したり，古くからの領地や管理地の境界を踏襲したりしている．しかしその一方で，平原や砂漠，都市や農村を横切るように引かれた国境もある．地理学では国境は，フランスとスペインを分けるピレネー山脈のように地形を利用した自然的国境と，アメリカ合衆国とカナダの国境のように直線で引かれた人為的国境に分けられるが，いずれにせよ人が意図的に引いた境界である．地続きの地域が広がるなかで，なぜそこに国境が引かれたのか．その根拠になるものを境界付近に見つけようとしても，実は決して簡単ではない．

　ところが，ある場所に国境が引かれると，そこに国境特有の景観が現れてくる．また，1本の国境で分けられた両方の地域には，それぞれ明らかに異なる景観が見られるようになる．そこでそれらの景観がなぜあるのか，その理由を推理していくと，国境がどんな経緯でつくられたが分かってくるし，それによってどのような影響が生じ，人々の暮らしが変わったのかも見えてくる．

　というわけで，実際に国境ではどんな景観が確認できるのか．ヨーロッパの国境での観察する景観のポイントをいくつかご紹介しよう．

⑤ **スロヴェニアとクロアチアの国境**（2005年8月）
EU加盟直後のスロヴェニアでは，EUの外に向かう車に厳重な検問がなされていた．

⑦展示されているベルリンの壁 (2010年9月)
壁沿いに分断の歴史が展示されている.

⑥ドイツ・チェコ国境の検問所跡 (2011年8月)

　[A] まず,「国境に特有の景観」が挙げられる.これは国境に行って目にする景観である.その中身は,おおよそ以下の3つに分けられる.

　(A-1) **国境自体を示す景観**.国境には国名や交通規則を示す表示板や,国境を示す標識や標石,国境につくられた柵や壁などが設けられている⑤.これらは国境そのものを示す景観だが,かつてあった国境の跡や,厳密には国境ではないがベルリンの壁の跡のように過去の記憶を残すために建てられたモニュメントのような景観もある⑥⑦.あるいは3つの国が接する三国国境のように,国境を実感できるように意匠化された国境景観もある.いずれも国境にいることが確かめられるので,旅行者が好んで記念撮影する景観でもある.

　(A-2) **国境の影響で現れた景観**.国境の様子は隣り合う国同士の関係に左右される.関係が良好でなければ,国境は国を守る壁であり,国境の向こう側との行き来は著しく制限される.その結果,国境ならではの風景が生まれる.軍事施設や行き止まりの道路などが典型的な景観だろう⑧.

⑧閉鎖されていたチェコとオーストリアの国境
(1984年9月)
チェコに渡る鉄橋はレールを置いたまま朽ちていた.

⑨ハンガリー南部のスーパーマーケット
(2000年8月)
駐車場にクロアチア (HR) の車が並ぶ.

逆に，国境を越える交通が結ばれると，国境を越える人々が増え，新たな施設がつくられる．国境を挟んで物価や品ぞろえに差があると，国境に近いところにショッピングセンターができて，国境を越えて買い物に来る客が集まってくる．たとえばハンガリー南部のクロアチアの国境に近くにできたスーパーマーケットでは，多彩な商品を求めるクロアチアからの買い物客で賑わっている⑨．

　また，国境は国土の端っこなので，しばしば住民が望まない施設が置かれたりする．そのいい例が，ドイツとの国境に近いフランスのフェッセンハイムやスイスのライプシュタットにある原子力発電所だ⑩．どちらも長く稼働しており，特にフェッセンハイムは1978年設置と古い．すでに国内はもとより，2022年に原子力発電所の全廃を決めているドイツからも廃止を求める声が強く，ようやく2020年に廃炉の作業が始められた．国境近くの原子力発電所は，言うまでもなく隣国にとって大きな不安材料でしかない．

　（A-3）国境付近の少数民族集団の景観． ヨーロッパの国境近くには，その国の大半の人々とは異なる言語や文化をもつ人々が住んでいる場合が少なくない．たとえばスペインとフランスの国境地域にまとまって居住するバスク人は，数百年にわたってスペイン国内で個性を持ち続け，バスク語など彼ら特有の景観を示している．あるいは，国境が引き直され，それまでとは異なる国に組み込まれて少数民族集団になった人々もいる．イタリア北部にまとまって住むドイツ語を母語にする人々や，スロヴァキア南部に広く居住するハンガリー人などである．ヨーロッパではこうした少数民族集団を保護するために，固有の言語や文化を尊重する政策がとられており，彼らの言語による地名を併記した道路案内板も国境地域によく見られる景観である⑪．

⑩**スイス・ライプシュタットの原子力発電所**
（1991年9月）
ドイツとの国境であるライン川の畔に立地する．

⑪**クロアチア国境に近いセルビアの道路案内**
（2016年8月）
キリル文字のセルビア語とラテン文字のクロアチア語で表記されている．

⑫フランス・アルザス地方の木骨造りの民家
(2002年8月)

⑬ドイツ・バーデン地方の木骨造りの民家
(1985年2月)

　[B] 次に，国境にまつわる景観として，「国境を挟んで対比される景観」が挙げられる．国境を越えて移動すると，越える前と同じような景観と，それまでとは異なる景観とがあることに気付くはずである．

　国境の多くは，もともと区別のない地続きの地域に意図的に引かれたので，国境を越えても景観に違いがないのは当然と言えば当然である．気候のような自然環境が国境で異なるはずはないし，古来，人の行き来があったことから，国境を隔てて同じような生活スタイルがあるのは容易に理解できる．実際，国境の両側に共通の伝統文化があり，似通った民家や料理などが見られる．たとえばフランスとドイツの国境では，フランスのアルザス地方とドイツのバーデン地方のいずれにも，ブナ材を柱にして壁を漆喰（しっくい）で固めた木骨（もっこつ）造りの伝統的な民家が建っており，文化の連続性が確認できる⑫⑬．

　これに対して，国境を越えて景観が変わることについては，あえて指摘するまでもないだろう．国ごとに制度や政策が異なるため，それぞれで特徴ある社会や文化がつくられ，結果として国境を隔てて地域の様子は変わってくる．公用語が違えば，国境を越えて道路案内板や店の看板などの言語が違ってくるし，聞こえてくる言葉も違う．また経済水準によって，道路や建物の整備の程度に差が出てくる．冷戦が終わった直後に旧西ドイツから旧東ドイツに行くと，同じドイツとは思えないほど，町の景観は違っていた⑭．今も社会主義時代の建物があちこちにあって，かつて別の国だったことが実感できる．

⑭旧東ドイツの町ゾンネベルクの町並み
(1994年8月)
かつての東西ドイツ国境に近く，旧西ドイツにはないいような老朽化した建物の印象が強烈だった．

⑮**ドイツとオランダの国境**（2000年1月）
左の白い建物（今はない）と隣の茶色の建物の間が国境
（右側がオランダ）.

⑯**ドイツからチェコに自転車で向かう若者たち**
（2012年9月）
左奥にチェコの標識が, 右の国境標石にドイツのDが見える.

　[C] そして最後に, ヨーロッパ特有の「国境らしくない景観」を取り上げね
ばならない. それはもちろん, 人やモノが自由に越えられる国境の景観である.
かつて国家間の対立から戦場となり, あるいは鉄のカーテンによって仕切られて
いた国境が, 今や欧州連合（EU）の域内で通勤や通学, 買い物やレジャーで大
勢の人々が行き来する場所になっている⑮⑯. これまでに示してきた「国境に
特有の景観」が見られない点で, 世界にも類のない国境景観と言える.

　以上のように, 国境にまつわる景観はかなり多岐にわたっている. 景観には国
境と関わる人々の暮らしや過去の記憶などを反映したものが多く, 国境がどのよ
うな歴史をたどり, それによって社会や文化はどう変わってきたのか. 地域の様
子をうかがい知る手がかりになる. 国境に行くと, さまざまな景観を観察するこ
とによってその場所ならではの特徴をとらえることができるのである.

□ 多彩なヨーロッパの国境

　では, ヨーロッパの国境を訪ねる旅の準備に入ろう. どの国境に行こうか. 地
図を広げると, 数多くの国境が目に入ってくる. アルプスやピレネー山脈の高い
峰々でしっかりと固められた国境や, ライン川やドナウ川の川筋などに沿った国
境がいくつも走っている. 他方, バルト三国やバルカン半島には規模の小さな国
がいくつもあるが, その国境は平野や山地を不規則に突っ切っていて, 何となく
頼りない気がする. あるいはモナコのように, 驚くほど小さな国を取り囲む国境
もある⑰. ちなみに小国リヒテンシュタインは, 内陸国に囲まれているため, 海

⑰地中海に面する小国家モナコ (2012年8月)

岸に行くのに二度国境を越えなければならない，世界でもまれな「二重内陸国」である．いずれにしてもヨーロッパの国境は実に多彩で，陸上に国境をもたない日本から見ると，どれも自分の足で越えてみたくなるものばかりだ．

　ところで国境と言うと，つい固定したもののように思いがちだが，実際にはそうでないことは過去からの経緯を見れば明らかである．ヨーロッパの歴史を振り返ると，これまでに多くの国々が生まれては消えていった．近代に勢力を誇ったドイツ帝国やオーストリア＝ハンガリー帝国，20世紀終盤まで存在していたユーゴスラヴィアやソ連といった国々が解体すると，そこに新しい国境が引かれた．あるいはドイツやポーランドのように国境が引き直された国もある．つまり現在ある国境は，そうした激しい変動の結果として見ることができる．

　このような歴史を頭に置きながら，現在のヨーロッパの国境を見ると，かなり長い期間にわたってあり続けている国境もあれば，最近になって引かれた国境もあることに気付く．また，一時消えたあとに復活した国境もある．この点で国境ごとに異なる来歴を確認しておくことも，国境を訪ねる旅には必要だろう．

　そこで，現在あるヨーロッパの国境がいつ頃からあるのか，19世紀半ばまでさかのぼってその時期ごとに地図に示してみた⑱．図は，今ある国境が現れた時期を40年ごとに時代区分して色分けしたものになる．最も新しいのが1980年代以降に生まれた国境．その前が1941年から1980年まで出現した国境．さらにその40年前の1901年から1940年の間に現れた国境．そしてそれ以前が1861年から1900年までに引かれた国境になる．

　なお，この時代区分では，現在ある国の国境となった時期を示した．ロシアやチェコ，スロヴァキア，セルビアのように，ソビエト連邦（ソ連）やチェコスロヴァキア，ユーゴスラヴィアの後継国の国境は，それぞれもとの国の国境が形成された時期とした．また，ドイツとフランスの国境のように大戦中に国境が一時的に変更されたところも少なくないが，これは時代区分には加えなかった．

　作った図を見てすぐに分かるのは，今あるヨーロッパの国境のうち，西ヨーロッパの国境のほとんどが百数十年以上，まったく変わっていないことだ．なかでもスペインやポルトガル，スイス，オランダの国境の歴史は長い．スペインの

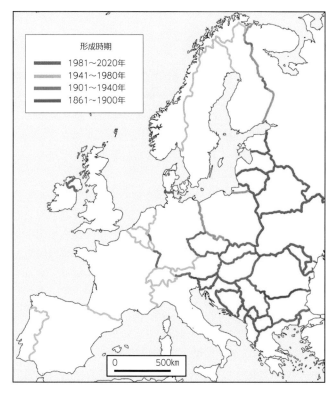

⑱ 形成時期でみたヨーロッパの国境
現在ある国の国境になった時期を示す（灰色線は1860年以前に引かれた国境）. ただし, 後継国に引き継がれた国境は, 形成当初の時期とする. また, 戦争による一時的な変更は除く.

国境は300年以上変わっておらず, 特にポルトガルとの国境に至っては, スペインの前身のカスティーリヤ王国との境界以来700年以上も不動のままである. 言い換えれば, これらの国の領土はほとんど変わらずにきたというわけである. またフランスも, ドイツとの国境を除けばおおむね古くからの国境が維持されており, 国土は比較的安定してきたとみることができる.

　一方, 西ヨーロッパから東ヨーロッパに目を転じると, 状況が大きく異なっていることに気付く. そこでは19世紀半ば以降に引かれた比較的歴史の浅い国境が目立っており, 東ヨーロッパでは国境が近年まで大きく変わってきたことが示されている. つまり国境の安定の度合いや国の成り立ち方において, ヨーロッパでの西と東とで事情がまったく違うのである.

　そして, この西と東の境目にあるのがドイツである. 現在のドイツの国境を見ると, 西側と南側, すなわちオランダやスイス, オーストリアとの国境は200年以上の歴史があるものの, デンマークやフランス, ベルギーとの国境はここ150

年ほどの間に生まれている．なかでもベルギーとフランスとの国境は，第一次世界大戦後のベルサイユ条約によって1919年に引かれたもので，このとき現在のベルギー最東端の町オイペンとマルメディがドイツから割譲され，今も国内のドイツ語地区となっている．フランスとの国境は，第二次世界大戦中にドイツがフランスを占領して一時消滅したものの，現在まで引き継がれている．

　また，ドイツの東側の国境を見ると，チェコとの国境は第一次世界大戦後にチェコスロヴァキアが独立した際に画定されて現在に至っている．ただし，1938年にナチスドイツがチェコの一部（ズデーテン地方）を併合したため，一時的に消滅した点ではアルザスと似ている．ポーランドとの国境はさらに新しく，確定されたのはオレンジ色で示されるように第二次世界大戦後になる．ついでに言えば，ポーランドはドイツとの国境ばかりでなく，南西部のチェコや北部のロシア（飛び地）との国境もオレンジ色になっている．これは，現在の国土が大戦後にドイツの領土の一部を獲得して画定されたからである．ドイツに戻ると現在の国境は，古く安定した国境から新しい国境までかなりバラエティに富んでいるのが分かる．

　さらにドイツから東の地域に目を向けてみよう．緑色で示されたチェコやスロヴァキア，ハンガリー，そしてセルビア東部の国境が見える．どれも第一次世界大戦後にオーストリア＝ハンガリー帝国が崩壊して，チェコスロヴァキアやハンガリー，ユーゴスラヴィアの領土を画定するために1920年代に引かれた国境である．これらはそれまで存在したことのない国境ばかりだが，それが現在に至るまで国々の形を決めている．

　この他，フィンランドとロシアの国境にも注目したい．この国境は緑色とオレンジ色が入り混じっている．長くロシアの支配下に置かれたフィンランドが第一次世界大戦後に独立したものの，第二次世界大戦でソ連の侵攻を受けて，領土の一部を奪われて現在の国境になった．このまだらの国境を見るだけで，この国がいかに隣国を相手に重い歴史をたどってきたかが想像できるだろう．

　そして最後は東ヨーロッパで最も目立つ赤い線である．これがかなり広い範囲にわたって引かれているのは，いずれも東西冷戦が終わって以降，特に1990年代にユーゴスラヴィア，ソ連，チェコスロヴァキアが次々に解体して多くの国々が独立したからである．それまで1つの国だったところに国境が新たに引かれ，ユーゴスラヴィアのように激しい紛争が起こり，世界が注目した国境でもある．

　そうした劇的な変化をもたらした東西冷戦．もはや過去のことになったが，ヨーロッパを分断し，それぞれ独自の世界をつくり，今もその影響を各地に残し

ている点で見逃せない．第二次世界大戦後のアメリカ合衆国とソ連が支配する世界では，ヨーロッパもそれぞれの陣営に取り込まれ，戦火を伴わない冷戦の下で対立した．東西を仕切る国境は柵や銃で警戒され，人やモノの往来は著しく制限された．冷戦と言えば「鉄のカーテン」だが，それは大戦直後に東ヨーロッパがソ連の影響圏に取り込まれたのを見て，当時のイギリスの首相チャーチルが発した語で，東西ヨーロッパを仕切る国境の代名詞となったものである．

冷戦が終わると，この「鉄のカーテン」は消え，新しい国境が各地に生まれた．当然，これらの国境の景観には冷戦後の大きな変化が反映されている．その点で新しいヨーロッパの動きがとらえられる興味深い国境である．

以上，ヨーロッパの国境をできた年代ごとに追いかけてみた．こうしてみると，特にヨーロッパ中央部から東部にかけての地域では，ここ150年ほどの間に新しい国境が引かれてきたこと，そしてその理由の多くが戦争と深く関わっているのが分かるだろう．つまり，ヨーロッパのなかでもこの地域はことさらさまざまな国が生まれて領土を広げ，あるいは逆に領土を削られ，しのぎを削ってきた地域だと言うことができる．

しかもこれらの国境が際立っているのは，近代以降，国同士が激しく対立し，あれだけ多くの犠牲を出した大戦を経て，今では自由に行き来できる国境になっている点である．これほどの変化を遂げた国境は，世界を探してもヨーロッパにしかない．そうした個性ある国境の現場にはこれまでの歴史が堆積し，国境を巡って繰り広げられてきた出来事を示す景観が残されている．長期にわたって安定した国境と違って，そこには現れた時期が異なる景観が見られるし，歴史を知っていれば，新しい発見もあるだろう．

国境の景観についての説明は尽きないが，そろそろこれくらいにしてヨーロッパの国境に出かけるとしよう．行先は国境が激しく変化してきたヨーロッパ中央部・東部の地域．具体的にはドイツ，フランス，チェコ，イタリア，スロヴァキア，ハンガリー，クロアチア，セルビア，そしてボスニア・ヘルツェゴヴィナなどの国境である．また，かつてあった東西ドイツ国境，そして国境を越えてアウシュヴィッツまで旅することにした．

現場で目にする景観は多岐にわたる．それを手がかりにすると，国境の歴史や人々の暮らしについての物語は果てしなく広がるはずである．そうした地理学の眼をもって観察し，推理するヨーロッパの国境への地理紀行．では，ゆっくりと楽しんでいただこう．

国境アラカルト **1** ──小国を囲む国境を越える

　イタリア中部に地図だと豆粒のように見える小国サンマリノがある．面積61 km^{2}で東京の大田区や世田谷区と同じくらいだが，人口はわずか3万人余り．人口密度的には広々している．と言っても実際はどうなのか，確かめに行ってみた．

　フィレンツェから東に約150 kmで東海岸の町リミニに着く．そこから内陸に入り，しばらくすると前方に岩山が見えてくる．標高749 mの山の上にこの国の旧市街がある．ただ，近づいても検問もなく，町並みも続いているので，道路脇の国境モニュメントに気づかないと，いつ入国したのか分からない①．

　しばらく町並みや畑を過ごしたのち，急坂を登るとサンマリノの旧市街に到着する．町の中心はサンマリノ共和国宮殿②．広場から見る建物は決して大きくないものの，がっしりとした印象を受ける．その姿は，この小さな国が苦難を乗り越えて独立を保ってきた歴史を想像させるに十分な風格である．

　国名が意味する「聖マリヌス」は，古代ローマ帝国の時代，石工のマリヌスが紀元4世紀にローマ皇帝のキリスト教徒弾圧を逃れてこの山にこもり，篤い心をもって信仰を続けたことに因んでいる．以来，カトリックがこの国を支え，ローマ教皇とも強いパイプを持ち続けた．1631年にはローマ教皇の承認を経て，世界最初の

①イタリア（左）とサンマリノ（右）の国境（2012年8月）
両国を分けるものは，このモニュメント以外見当たらない．

②サンマリノ共和国宮殿（2012年8月）

共和国を成立させている.

　その後，他国による侵略の危機に瀕しながらも巧みな外交を繰り広げてナポレオンやオーストリアの侵攻をかわし，イタリア政府とも良好な関係を維持してきた. それどころか国防はイタリア軍に任せ，かつてはイタリアと同じ通貨リラ，現在はイタリアとともにユーロが使われている. おそらくこの国には，小国として生きるためのノウハウが連綿と受け継がれているのだろう.

　旧市街からは山の周辺が一望できる. 緑豊かな農地が広がり，もちろん国境は確認できない. 明らかにゆとりの空間である. 良質のワインやチーズの産地でも知られる. また，最近は世界各地から多くの観光客が訪れており，人口が少ないこともあって国民の暮らしは十分に豊かだ. 1人当たり国民総所得は41620ドル（2018年）. 40373ドルの日本とほぼ同じである.

　これだけ国土が小さいと，つい閉鎖的で小さな世界に閉じこもっているように思いがちである. しかし，これまでの外交が示すように，実はまったく逆で，この国は常に国際的なつながりを重視して人や物の交流を進めて主権国家であり続けてきた. 裁判官全員が外国人というのもその一例. 国民同士で顔見知りが多く，公平な裁判を保つためだからだそうだ. ヨーロッパにはモナコやアンドラ，リヒテンシュタインのような小国がいくつもあるが，どれも古くから人やモノが行き交ってきたからこそ成り立っているのである.

Travel 2 EUを象徴する国境を訪ねる（1）
―ドイツ・フランス国境―

ライン川にかかる歩道橋「両岸を結ぶ橋」(2011年9月)
フランス側から対岸のドイツを望む.

□ 国境地域の代名詞アルザス

　ヨーロッパの国境と聞いてまず頭に浮かぶのは，ドイツとフランスの国境ではないだろうか．フランスのアルザス地方を巡って両国の間で何度も引き直され，多くの犠牲者を出したことでよく知られているところである．国境の変更はヨーロッパ各地で起こったが，ドイツとフランスという大国の間で揺らぎ，過去150年ほどで三度も大きな戦争の舞台になったのは，恐らくここぐらいだろう①.

　では，なぜアルザス地方が争奪の場になったのか．その理由にはさまざまな政治的，軍事的背景がからむが，大きくとらえれば2つ挙げられる．1つはライン川の水運が経済や軍事面で大きな役割を果たしてきたこと．ライン川はアルプスを水源として河口のオランダのロッテルダムで北海に流れ込むヨーロッパきっての大河であり，早くから広域の水運に利用され，沿岸には多くの都市が発達してきた．フランスではライン川は多くの運河でローヌ川やマルヌ川と結ばれ，パリやリヨンなどとつながっていた．農産物を輸送できるライン川は産業の発展にとって欠かせないことから，ライン川沿いの地域への関心が高かった.

　一方ドイツでは，フランクフルトやケルンなど重要な都市がライン川流域にあ

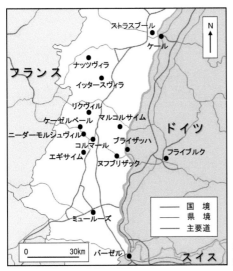

①アルザス地方とその周辺
水色線はライン川の流路.

り，またドイツ最大の工業地帯であるルール地方と川を介して結び付いていたことから，ドイツの産業化にとって重要視されてきた．フランスに追いつこうと国力増強を急いだ19世紀のドイツで，この川は「父なるライン」とされ，「ラインの守り」という愛唱歌が流行った．そうした成り行きからライン川の両岸をドイツの領土とすべく，フランスのライン川への関心をそいで，左岸のアルザス地方もドイツに加えようとする動きが活発になっていった②.

　もう1つの理由もドイツの政治事情にあった．19世紀初めのドイツは数多くの国からなり，ナポレオン率いる強力なフランス軍によってあっけなく征服されてしまう．その後ナポレオンの支配から脱すると，ドイツでは二度と屈辱を受けてはなるまいと，政治家や知識人たちが強力な軍隊をもつ統一国家の重要性を説いた．有名な哲学者フィヒテの演説「ドイツ国民に告ぐ」もその一環でなされた．ただ，フランスでは革命を経て市民の手で「自由・平等・友愛」の理念を共有する国民が生まれたのに対して，ドイツでは統一国家は政治家や貴族など既成勢力によって構想され，血統とドイツ語で国民を規定した．その結果，さまざまなドイツ語の方言を話す人々がドイツ人と見なされ，国家に組み込まれていった．

　アルザス地方のアルザス語は，言語学的にドイツ語の方言とされる．そのため統一国家ドイツを目指すうえでアルザス語を話す人々はドイツ人と位置付けられて，アルザス地方はドイツの正当な領土とみなされた．この考えはその後もあり続け，第二次世界大戦でも再びアルザスを併合している．しかし，言語としては

②水運に利用されるライン川 (2011年9月)
左がフランス，右がドイツ．遠方にストラスブールの町並みが見える．

ドイツ語と関連があるものの，アルザスの人々にはアルザス人としての意識が長く育まれ，根づいていた．そのため，ドイツによる侵略は彼らのアイデンティティを著しく傷つけることになった．このことについては第3章で改めてお話しする．

　さて，このように国家間の争いの場となったアルザス地方だが，そもそもフランス国内でも独特の個性を持ち続けてきた地域である．その歴史や文化についてはすでに解説書があるので，ここでは自然環境をベースにして概観してみよう．

　ライン川の左岸にあるアルザス地方は，古来，豊かな土地柄で知られてきた．このあたりのライン川沿いの平野はかなり広く，その幅は40kmにも及ぶ．河口から500kmも上流にあるのにこれほど広い谷があるのは不思議に見えるが，理由は川に並行して南北に走る断層がドイツ側とフランス側にそれぞれあって，その間の部分が陥没して谷のような地溝を形成したからである．断層で生じた山の斜面は急で，川の西側のフランスにはヴォージュ山脈，東側のドイツにはシュヴァルツヴァルトの山々がほぼ対称的に向き合っている．シュヴァルツヴァルト南部にベルヒェン（1414m）という山がある一方で，これに対置するようにヴォージュ山脈にはグラン バロン（ドイツ語では大ベルヒェン，1424m）がある．それぞれ同じような標高なのは，もともと連続した高まりだったのが，断層によって中央が陥没して2つの山脈に分かれたことによる．

　このようにライン川を挟んでフランス側とドイツ側の地形は似ているのだが，歴史的にはフランス側の地域のほうが早くから開けてきた．その理由は，土地が比較的肥沃なだけでなく，ヴォージュ山脈が湿った西からの風を遮るので晴天に恵まれ，農産物の生産量が多いことによる．そのため早くから開発され，古代ローマ帝国の道もライン川の西側を北上して都市や町をつくった．

また，山から流れ落ちる川には水車が各地に設置され，それを利用した手工業が発達してきた．なかでも南部の都市ミュールーズは，その名の由来である「水車小屋」とのつながりで，とりわけ織物業が発達した．この町にある染織博物館は，世界的な織物のパターンのコレクションで知られている．また技術を身につけた職人が工業化の下地をつくり，19世紀後半には織物業だけでなく，機関車や自動車の製造業も発達し，「フランスのマンチェスター」の異名をもつほどになった．この町には世界最大クラスの自動車博物館があり，1909年以来今もこの地方でつくられている世界的名車ブガッティのコレクションでも知られている．

　こうした気候と立地に恵まれたアルザス地方で，グルメが発達しないわけがない．フォアグラやエスカルゴをはじめ，タルトフランベやシュークルート，クグロフなどもこの地方ならではのご馳走である．そう言えば，ここにはフランスの旅行ガイドミシュラン』が選ぶ最高クラスのレストラン「オーベルジュドリル」がある．コルマールの北15 kmほどのイロイザーンという小さな村はグルメの間でつとに有名だ．…食文化の話題は際限がない．この辺にしておこう．

　最後に，ドイツ領になった歴史と絡む特徴を1つ挙げておきたい．フランスには政教分離を規定するライシテと呼ばれる原則があり，1905年に法制化されている．それはカトリックの信仰が篤いフランスで，政治に宗教が関わらないよう規定したものである．これがあるために，フランスに暮らすイスラームの人々の生活スタイルの是非が問題化しているのはご存じのとおりである．

　ところがアルザス地方はライシテの適用外になっている．フランスとドイツの間で帰属が変わるたびに法制度の変更が強いられてきた経緯から，ここでは政教分離の原則がはずされているのである．そのため，この地方では例外的にクリスマス市が堂々と開かれている．キリスト教に関連した行事だからというのが理由だが，今や楽しい冬の風物詩であり，ストラスブールでは大勢の観光客で賑わっている③．クリスマス市はドイツが本場だが，多くの屋台が並び，ワインの熱燗を片手に練り歩くと，まるでドイ

③ストラスブールのクリスマス市
(2019年11月)

ツにいるかのようである．フランスでありながらドイツ的な文化も随所に見られる．まさにここはフランスとドイツが交錯する国境地域なのである．

□ ドイツの国境の町ケール

　さて，地域の説明はこれくらいにして，ドイツから国境を越えてアルザス地方に向かうことにしよう．ルートはいくつもあるが，最もポピュラーなのは，ライン川を渡ってこの地方の中心都市ストラスブールに行くルートだろう．ライン川に面したこの町の人口は約28万人（2017年）．ライン川の支流のイル川河畔に市街地が発達し，ライン川には規模の大きな港がある．もともと古代ローマ帝国の時代に設置された都市アルゲントラトゥムが起源になる．今もこの一帯では最も由緒ある町とされている．

　ストラスブールにはドイツのフランクフルトから直行バスが便利である．ライン川に架かる橋でフランスに渡れる．ただし，国境には検問も柵もないから，これだと国境を越えた気がしないかもしれない．そこで国境を実感したい向きにはストラスブールの東，ライン川の対岸にあるドイツの町ケールに滞在してストラスブールに行くことをお勧めしたい．フランスのストラスブールが目的なのにドイツに泊まるなんて野暮，と思われるかもしれないが，国境の旅にその言葉は禁物だ．ケールに泊まれば行きも帰りも国境を越えられる．それにホテル代もかなり安い．ストラスブールは観光客やビジネス客で賑わっており，当然ながらホテル代も高騰している．それに比べれば，ケールはかなりリーズナブルである．

　2019年，フランクフルトから特急に乗って1時間半．オッフェンブルクという町でストラスブール行きに乗り換えると，約20分でケールに着いた．旅行ガイドブックにも載らないこの小さな町をご存じの読者は多くないだろう．ここで簡単にご紹介しておこう．人口3万5000人の町だが，歴史を振り返ると，ここにもドイツとフランスの間で翻弄された過去が見えてくるので興味を引くはずだ．

　国境の町としての歴史は，1678年にルイ14世治世のフランスの領土になった時に始まる．ライン川沿いの小さな町が，ストラスブールの橋頭保として，1683年にフランスの築城技術者セバスティアン　ル　プレストル　ド　ヴォーバン（1633-1707）の手で要塞化されて以来ということになる．ヴォーバンはルイ14世の領土的野心に応え，実に多くの要塞をフランスの国境に沿って築いた．ストラスブールを要塞で固めたうえに，ケールも対ドイツ諸侯の前線として堅牢な要塞につくりかえた④⑤．これに伴ってケールの市街地には碁盤の目状に走る街路と方形の中央広場が設けられた．ちなみにこの当時の街路は今も町の中心に残

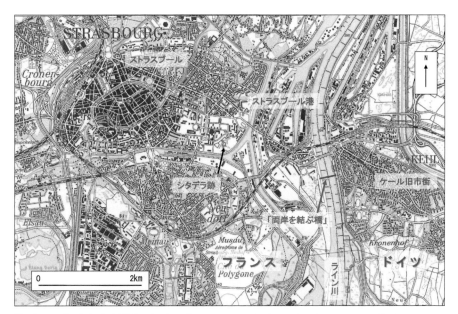

④**ストラスブールとその周辺** (バーデン・ヴュルテンベルク州測量部5万分の1地形図, 1982年測量)

されており, 地形図でも確認できる.

　その後, この町の支配者は幾度も入れ替わり, 1815年にドイツのバーデン大公国に加わり, 1861年にライン川に鉄道橋が架けられると, パリとウィーンを結ぶ直通列車がこの町を通過して, 産業化の汽笛が聞こえるようになった. 1870年に始まる普仏戦争でフランス軍による破壊を受けたのちにドイツ帝国の領土に入るが, 第一次世界大戦でドイツが負けると再びフランスの占領を受け, ストラスブールの橋頭保として位置づけられる. 1930年にドイツに返還された後, 1933年にナチスが政権を握ってドイツの再軍備が始まると, 今度は対フランスの前線に置かれる. さらに1936年にはフランスとの国境に沿う要塞線

⑤**ケールの要塞跡** (2011年9月)
ライン河畔の要塞跡の上に建てられたヴィラシュミットと呼ばれる建物.

「ジークフリート線」がこの町にも建設されることになり，住民全員がシュヴァルツヴァルト山中への疎開を強制されてしまう．人々が自宅に戻れたのは，ドイツ軍がフランスを占領してライン川が国境でなくなった1940年のことだった．

　第二次世界大戦後，1949年に西ドイツが成立したのちも，この町では1953年の西ドイツへの返還まで，ストラスブールの橋頭保としてフランスの占領が続いた．1957年に欧州共同体（EEC）が設立されるにつけ，国境を挟んだぎくしゃくした関係はようやく解消に向かい，1960年にはストラスブールとの間にライン川を渡るヨーロッパ橋が開通．そして1995年にシェンゲン協定が実施されて，ドイツとフランスの間をパスポートなしで行き来できるようになったというわけである．小さな町でありながら，国境に翻弄された歴史を歩んできたことがお分かりになっただろうか．これでいくらかこの町に滞在してみる気になったなら幸いである．

　今のケールに戻ろう．駅から歩いて数分．3階建ての簡素なホテルのドアを開けると，聞こえてきたのはフランス語ばかり．受付もフランス語で対応してきた．恐る恐るドイツ語で話しかけてみると，きちんとドイツ語で返してくれた．なぜフランス語なのか聞くと，たいていがフランスからのビジネス客だからだという．部屋はいつも埋まっているわ，と愛想がいい．景気も良さげである．

　国境を越える前にフランス語で話しかけられるとは思ってもみなかったが，それだけ多くの人々が国境を行き来しているということだろう．これも国境ならではと感じながら，いよいよお待ちかねのストラスブール行きである．

□ ストラスブールの歴史を歩く

　ケールからストラスブールへはトラムが便利である．ストラスブールにはもともと市電が走っていたが，自動車の交通量が増えて1960年に廃止されてしまっていた．それが市民の足として再評価されて，1994年に新しいトラムの路線が開業した．現在は6系統あるが，その1つ「Tram D」が2017年にライン川の国境を越えてドイツのケールまで延伸されている⑥．床が低く，バリアフリーなので，お年寄りも不自由なく乗れる．市内では駐車スペースが限られているのもトラムが人気の理由である．時刻表を見ると日中12〜15分間隔で運行している．

　朝7時30分．ケール市内の停車場からトラムに乗り込むと，かなり混んでいる．平日の通勤時間で，隣に居合わせた男性に話しかけると，ストラスブールに出勤途中だという．ドイツのシュツットガルト出身で，ストラスブールに職を見つけたものの，家賃はストラスブールよりもケールのほうがずっと安いので，そ

⑥ライン川の橋を渡るトラム（2019年11月）
対岸のストラスブールの町並みが間近に見える.

⑦ストラスブールのクレベール広場の近く
を走るトラム（2011年9月）

こに部屋を見つけて毎日国境を越えて通勤しているそうだ. しかも, 最近はスト
ラスブールで働くフランス人のなかにも, わざわざケールに住む人が増えている
とのこと. 言われてみれば, 車内にはフランス語も聞こえてくる.

　まもなくライン川を渡ってフランスに入る. しかし, 周囲に国境越えを意識す
る気配はまったくない. 駅名を告げるアナウンスはバイリンガルのままだし, ざ
わつく乗客もいない. ただひとつ橋を越えたにすぎないのだ. カメラを振りまわ
すのもはばかられる雰囲気で, ひとり落ち着いたフリをしていると, トラムはス
トラスブールの町のなかへと滑るように突き進んでいく.

　やがてライン川の支流であるイル川の橋を渡り, この町で最も古い一角に入っ
てきた. イル川とそこから引いた運河で囲まれた中州のような古い市街地「グラ
ンディル地区」では, 道の両側に建物が競り立っていて, 密集した町並みをうか
がわせる. 路上はびっしり縦列駐車で, 1台の余地もない. その脇をトラムが軽
快に走り抜けていく. 町の中央にあるクレベール広場に近い停車場では, 乗り降
りが忙しい. いかにもこの町の活気が感じられる⑦. ケールから来ると, ストラ
スブールはまさしく大都会である.

　乗ってから30分弱で中央駅の停留所に着く. まずはここで降りてストラス
ブール中央駅に向かう. なぜ駅かと言うと, 繁栄した町には必ず立派な駅舎があ
り, 「町の顔」になっていることから, それを確かめるためである. ヨーロッパ
では19世紀の半ば以降, 鉄道が次々に敷設され, 富裕層の人々を旅に誘い, 労
働者を農村から都市に集めた. 大量の貨物を工場や市場に運び, 兵器や兵士を前
線や基地に送り込んだ. 20世紀前半に至るまで, 鉄道は政治や経済と深く関わ
り, その恩恵を十分に受けた都市は大いに繁栄した. 鉄道はパワーの象徴とな
り, 発展した都市のシンボルとして立派な駅舎がつくられたのである.

　その例は今もあちこちに見られる. パリのノール駅やエスト駅, ハリーポッ
ターでおなじみのロンドンのキングスクロス駅, アムステルダムやフランクフル
ト, ライプツィヒ, ミラノの中央駅. どれも知らなければ宮殿かと思えるほどの

壮大な建物で，往時の繁栄ぶりを今に伝えている．ヨーロッパ以外でも同様で，東京駅をはじめニューヨークのグランドセントラル駅，インド・ムンバイのチャトラパティ シヴァージー ターミナス駅やイスタンブールのハイダルパシャ駅など，国家の威信を賭けた駅舎の例を各地に見つけることができる．

　ストラスブール中央駅は1889年に建てられた．1871年にドイツ帝国の領土となったアルザス地方の中心都市にふさわしい，帝国の強大なパワーを誇示する駅舎になった．何しろフランスを追い越そうと，躍起になって工業化を進めたドイツである．普仏戦争で打ち破ったフランスに対して，その国力を見せつけずにはいられなかったのだろう．駅の建材にはヴォージュ山脈で産する赤色砂岩が使われた．町のシンボルであるカテドラルと同じ砂岩で，加工しやすいことから美しいネオルネサンス様式で仕立て上げられ，全長128 mの堂々たる建物はまさしくこの町の表玄関にふさわしい風貌となった．駅前には大きな庭園が設けられ，駅舎の両脇には中央郵便局と警察署の重みのある建物が配置された．パリからやってきたフランス人にどれだけドイツの凄さを示そうとしたか，この大がかりなレイアウトに当時の思い入れが透けて見えてくる．

　しかし現在，この建物の全景を目にすることはできない．2007年にファサードの前面にガラス張りの覆いがつくられたためである⑧．覆いの中に入ると，オリジナルの帝国時代の建物が目の前に現れる．あたかも古い駅舎が温室の中に

⑧ストラスブール中央駅の外観
(2011年9月)
巨大なドームのように見える.

⑨ストラスブール中央駅の内観
(2011年9月)

⑩**ライン宮殿**（2011年9月）

すっぽりと納まったような具合になっている⑨.

　だから，駅前広場からは巨大なドーム状の建物を望むことになる．この斬新なデザインが，新しいストラスブールの「町の顔」というわけである．ただ，かつての「町の顔」を求める向きには，あたかもドイツの威信をかけた建物を隠して，町の景観から消し去ったように思えてしまう．というのも，この覆いがパリからの高速鉄道（TGV）乗り入れに伴う駅の改修で設置されたものであり，つまりはこの町がパリから2時間20分の日帰り圏に入ったタイミングだったからである．パリとの結び付きが強まったと同時に，ドイツとつながっていた過去を見えないものにしたのではないか．ついそんな邪推をしてしまうのは，今しがたドイツから国境を越えてきたばかりだからかもしれない．

　駅舎を見ながら町の歴史を振り返ったところで，駅をあとにして運河に沿って東に向かおう．町の中心にあるカテドラルの塔が運河越しに見える．目指すは共和国広場．カテドラルから見て北東に位置する大きな庭園である．この付近は「ノイシュタット地区」と呼ばれる．ドイツ語で新市街を意味し，帝国時代に整備された地区である．広場の周辺には豪壮な建物が並んでおり，帝国の威信がここにも存分に表象されている．なかでもひときわ目を引くのがライン宮殿．かつて皇帝宮殿と呼ばれた壮大な建物である⑩．5年かけて1889年に落成したネオルネサンス様式の巨大建築で，中央にそびえるドームはピッケルハウベと呼ばれる19世紀プロイセンのヘルメットを模してつくられたという．頭頂にスパイク状の飾りを乗せたヘルメットは，当時ドイツ帝国の象徴ともされていた．

　ドイツ帝国に組み込まれたアルザス・ロレーヌ地方は帝国直轄領エルザス・ロートリンゲンとされ，その政庁がここに置かれた．そしてこの地域が17世紀以来フランス領であり続けてきたことから，徹底的なドイツ化政策が打ち出された．都市計画にもそれが反映され，壮大な市街地がつくられた．その様子は帝国時代の地図を見るとよくわかる⑪．川に挟まれた旧市街，現在の「グランディル地区」の外側，特に北東から東にかけての地区にドイツにより新市街が生まれた．直線の道路が何本も走り，手の込んだ建物が並べられ，公園が造成された．フランスに負けない最新の町をつくりあげることに，ドイツは心血を注いだのである．

　ヨーロッパの大国フランスを打ち負かして統一を成し遂げたドイツ帝国．その

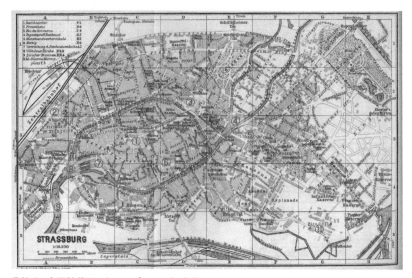

⑪**ドイツ帝国時代のストラスブールの旧市街** (出典：Baedecker, K. ed. 1909. Deutschland.)
①クレベール広場　②中央駅　③ライン宮殿　④サンポール教会　⑤ストラスブール大学本館　⑥カテドラル
⑦プチフランス　⑧ヴォーバンダム　⑨イル川　⑩シタデラ跡（いずれも現在名）

鼻息はすこぶる荒かった．皇帝宮殿の正面には現在のストラスブール大学である
シュトラースブルク大学の本館が建てられ，この町を学術研究の拠点に仕立て上
げた⑫⑬．アルザス地方で次世代のドイツ人エリートを養成する場として，大
学は戦略的に整備されたのである．この他，街路樹のある大通りがいくつもつく
られ，コンタッド公園などの緑地も設置．そしてドイツから送り込まれてきた官

⑫**ストラスブール大学本館**（2011年9月）

⑬**ストラスブール大学キャンパスとゲーテ像**
（2011年9月）

⑭**ドイツ帝国時代の住宅街**（2017年9月）　　⑮**ドイツ帝国時代の建物**（2011年9月）

僚や役人のための邸宅建設には多額の工事費がつぎ込まれた．

　一帯は今もドイツ時代の建物が立ち並び，ネオルネサンス様式や新古典主義，ユーゲント様式など見栄えのする邸宅が多い．ゆとりある街路が交差し，落ち着いた佇(たたず)まいだ．市内にEU関連の施設が多いため，領事館などに利用されている建物も見える⑭⑮．もっとも，帝国時代に建てられた記念碑の多くは撤去されている．ライン宮殿前には大戦で犠牲になった戦没者慰霊像が置かれているが，ここにはかつてドイツ皇帝ヴィルヘルムの勇猛な騎馬像が立っていた．フランスでドイツの栄光が求められるはずはないから撤去は当然である．ところがストラスブール大学本館前に立つゲーテ像は帝国時代のままだ．皇帝とゲーテ．同じドイツ人でも，ゲーテはフランスが共有できる財産ということらしい．

　ちなみに，町を歩くのにこの百年前の帝国時代の地図を頼りにしたのだが，ほとんど不自由を感じなかった．地図の地名はドイツ語だが，建物の多くがそのまま残っているので古い地図で十分に歩ける．ライン宮殿の前庭からまっすぐに伸びる通りはほとんど以前のままだし，途中，川の合流点に建つサンポール教会は，もとはカトリック世界のフランスに対抗してドイツが建てたプロテスタントの衛成(えいじゅ)教会である．今も2本の尖塔が町の魅力になっている⑯．

　町なかに見えるフランスとドイツの景観．どれも両国の狭間に置かれたこの町の歴史の「証人」である．しかも，そこにはもはや両国が対立する要素はない．1988年には「グランディル地区」と「ノイシュタット地区」がセットになってユネスコの

⑯**サンポール教会**（1983年8月）
もとは1897年に駐屯ドイツ軍のために建てられたプロテスタントの衛成教会．

世界遺産に登録された．片やこの町には，ヨーロッパの統合を掲げて1949年に欧州評議会が置かれ，またEUの議決機関である欧州議会もある．ストラスブールがヨーロッパ統合の象徴と言われるのは，まさに対立から統合というヨーロッパの足跡をここに見ることができるからに他ならない．

□ 結びついた2つの町

　さて，ストラスブールに来たからには，見どころを逃すわけにはいかない．「グランディル地区」の中央に建つカテドラル⑰．すっかり観光客に占領されてしまった広場から見上げると，堂々たる尖塔と，手の込んだ素晴らしい装飾が堪能できる．中に入れば，正面には圧倒されるような祭壇．そしてふり返れば，上方に巨大なバラ窓．西日に照らされた輝きには目を見張る．晴れた日の夕方が狙いどころである．塔に登れば，眼下に赤茶けた瓦屋根が波打っている⑱．一面にくすんだ色合いで，この町の長い歴史が堆積しているかのようである．

　カテドラルからさらに西に向かって歩いていくと，イル川に面して木骨造りの民家が美しいプチフランス地区に着く⑲．この地区名は，15世紀後半に梅毒のホスピスがここに建てられ，ドイツ語で梅毒をフランス病と呼んだことにちなんでいる．長く木工細工や製粉業，漁業などを営む人々が暮らしてきた一角だったが，現在はその伝統的な民家の美しさが多くの観光客を魅了し，レストランが並ぶ市内でも屈指の観光スポットになっている．

　ストラスブールはライン川に港をもち，19世紀には鉄道が開通している．人

⑰尖塔がそびえるカテドラル（2012年8月）

⑱グランディル地区の古い家並み（1983年8月）

⑲**木骨造りの民家が並ぶプチフランス**
（2012年8月）

⑳**ストラスブール港**（2011年9月）
左にコンテナふ頭，右手に麦芽製造所が見える．

の移動や物資の輸送にとって格好の場所であり，工業化とともに大都市へと発展する素地を十分に備えていた．同様の条件がそろったライン川沿いの都市にドイツのケルンやフランクフルトがあり，ケルンは百万都市，フランクフルトも人口50万を超す大都市に成長している．いずれも19世紀の産業化とともに多くの労働者を受け入れ，労働者のための住宅を急ピッチで建てて市街地を拡大した．

　しかし，その時期ストラスブールに大量に流入したのは，労働者よりもドイツから派遣された官僚や将校，兵士だった．ヨーロッパに産業化のブームが起きた19世紀後半，ここはドイツ帝国にとって産業よりも政治の中心として重要であり，対フランス戦略の拠点として位置づけられた．そこで造成された新市街が先に述べたノイシュタット地区であり，郊外には兵舎が並ぶ巨大な駐屯地がいくつもつくられた．その結果，大都市になる交通条件が備わっていながら，この町は産業化による急成長を遂げず，市内には伝統的な手工業を営む人々が暮らし続け，古くからの民家が残されてきた．その一部がプチフランスである．今では貴重な景観を残した歴史地区で，地元でも人気のスポットになっており，オレンジ色の街灯に照らされた夜景は都会にいるのを忘れさせるほど美しい．

　ようやく町を一巡りしたので，帰りはケールまで歩くことにしよう．直線距離にして6kmほど．ひたすらライン川がある方向に行けば着くはずである．市街地を過ぎると，シタデラと呼ばれるヴォーバンによって築かれた要塞の一部のところに来た．かつてストラスブールの市街地から東に突き出した要塞で，ここから川向こうのドイツに対してにらみを利かせていた．今は周囲に建物が並び，道路が走っていて小高い丘が見える程度で，要塞だったことを知らなければ，通り過ぎてしまいそうなくらい目立たない．ただ，文化財としていずれは知名度を上げるだろう．今度来た時には観光スポットになっているかもしれない．

　さらに行くとライン川に築かれた港が見えてきた．埠頭には多くのコンテナが

㉑**ライン川にかかる歩道橋**（2011年9月）
ドイツ側の入口に立つ看板には，この橋がシュヴァルツヴァルトとヴォージュ山脈を結ぶハイキングルートであることが示されている.

積み上げられていて，その規模は海港と見まがうほどだ㉑．スイスのバーゼル，ドイツのマンハイムやデュースブルク，そしてオランダのロッテルダムなどの港との間を船が盛んに行き交っている．ストラスブールは紛れもなくフランスを代表する貿易港なのである．ふ頭には線路が延び，貨車が停まっている．今の時代，トラック輸送が主流だが，鉄道がまだまだ現役なのがヨーロッパらしい．

　ようやくライン川のほとりに出た．対岸に見えるのはドイツ．お目当ての橋が目の前にある．2004年に架けられ，「両岸を結ぶ橋（通称ミムラム橋）」と名付けられた歩道橋である㉑．その平穏な風情は，平和な両国間の関係を演出するに余りある．渡りかけると向こうから犬を連れた夫婦が歩いてきた．聞けばケールに住むドイツ人で，よく犬を連れて橋を渡るのだという．国境を越えた犬の散歩．こういうことが日常的にできるのがうらやましい．

　ストラスブールから歩いて約1時間．たどり着いたケールの町は明かりが少なめで，帰宅を急ぐ人々が行き交っている．その様子はどこかベッドタウンの光景である．ここは国境の町だと思ってきたが，まるでストラスブールの郊外のようでもある．そんな印象をもちながら「ストラスブールの橋頭保」というこの町の過去を振り返ると，実は形を変えながら今もその役割が続いているかに思えてきた．恐らくケールはこれからもストラスブールとともに歩んでいくのだろう．

ドイツからアルザス北部に入る国境（1997年9月）

Travel

3 EUを象徴する国境を訪ねる（2）
―ドイツ・フランス国境―

□ コルマールへの道のり

　ドイツからフランスへの国境越えのルートのうち，第2章でストラスブールに向かうお話をしたので，ここでは別のルートをご紹介しよう．ドイツ南西部にある町フライブルクから西に向かい，ライン川を渡ってアルザス地方の町コルマールに至る道のりである．国境を越える道がいくつもあるのにこれを取り上げるのは，この国境に検問があった時代，ここを歩いて越えたことがあるからである．1980年代，まだ第二次世界大戦の余韻が残っていた頃のことである．

　1983年6月．留学のために最初に滞在したフライブルクは，ドイツでも住み心地の良さで人気の町とされていた．気候が温暖なうえに早くから環境保全に着手しており，当時すでに旧市街からマイカーを完全にシャットアウトするなど先進的な取り組みで知られていた．またシュヴァルツヴァルトの山々がすぐそばまで迫っていて，流れ落ちるせせらぎが聞こえる．町の中心にはストラスブールのカテドラルと同じ赤色砂岩で建てられた聖堂の尖塔がそびえ，寄せ合うように並ぶ赤茶色の瓦屋根がヨーロッパ特有の町の風情を醸していた①．

　近くの丘に登ると西の方角には広い畑が見え，それがなだらかな平野に続いている．はるか先にはフランスのヴォージュ山脈の峰が並んでいる．ドイツからフ

①聖堂がそびえるフライ
ブルク市街 (1983年6月)

ランスが見える．初めての外国生活ではそれが分かっ
ただけで感動してしまう．そしてフランスの山に沈む
夕日を眺めているうちに，国境を越えてみたくなって
きた．ライン川の国境まで直線で20km足らず．さっ
そく町の地図専門店で5万分の1地形図を手に入れる
と，とある週末，思い立って出かけることにした②．

　うっすら霧がかかる朝，フライブルク駅から単線を
走るディーゼルカーに乗り込むと，30分足らずで終点
の町ブライザッハに着く．国境が走るライン川に面し
ており．川を臨む丘の上に教会が建つ落ち着いた町だ
③．登っていくと手前にライン川が流れ，その向こう
にアルザスの農村が見渡せる．朝もやのなか，目の前
にあるのは地図そのままの国境の風景である．

　丘を降りてライン川に架かる橋を歩き出すと，手前に西ドイツ，その先にフラ
ンスの検問所が見えてきた．当時，国境を越えるのにパスポートが必要だったの
で，いくぶん緊張して西ドイツの検問所に行くと，特にチェックらしいチェック
もなく通してくれた．少し安心して今度はフランスの検問所に移ると，いきなり

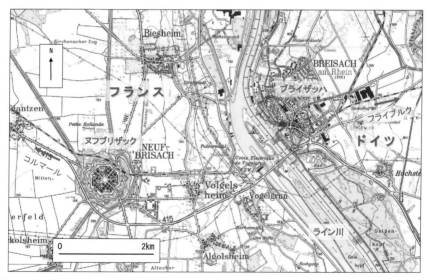

②ヌフブリザックとブライザッハ
（バーデン・ヴュルテンベルク州測量部5万分の1地形図，1982年測量）

③丘に建つブライザッハの教会 (1983年6月)　　④ヌフブリザックに向かう途中 (1983年6月)

「歩いてどこへ行くのか」と尋ねてきた．すぐにヌフブリザックという町の名前を告げたのだが，かなり不審な目で見られたのを今もよく覚えている．

　あとでわかったのだが，当時その町にはフランス陸軍が駐屯していて，観光客が行くようなところではなかった．西ドイツには1992年まで戦勝3カ国の軍隊が駐留しており，フライブルクにはフランス軍の拠点が置かれていた．ヌフブリザックには後方支援の部隊が配置され，軍関係者以外には関心のない町だった．そこに日本人が歩いて行くと言ったのだから，怪しまれて当然だったのだろう．

　腑に落ちない顔つきを横目に検問を通過すると，いよいよフランスだ．未開の地に踏み込むような気分とともに，おもむろに歩き出した．途中，見るものがどれも新鮮で，ごく普通の農村でありながら，ドイツと違うものが目についてくる．送電線の鉄塔の形や道路案内標識とかがいかにも違う④．ささいなことでも見慣れないものを見つけると，別の世界に来たと感じるものである．

　4 kmほど歩くと，やがてヌフブリザックが見えてきた．ここで白状しよう．今回の目的には，国境を歩いて越えるだけでなく，その先にあるこの町に行くことも含まれていた．それはこの町の特徴ある構造物を自分の目で確かめたかったからである．フライブルクで手にした地形図②を眺めていると，国境近くに正八角形の幾何学模様の町ヌフブリザックが目に入った．そのあまりに精巧な形につい見とれて，どんな町なのか調べると，ドイツ語の本にはここはノイブライザッハと書かれている．新しいブライザッハの意味である．ドイツの町の新都市がなぜフランスにあるのか．名前がらみでも妙に気になった．そこでブライザッハまで鉄道で行って，その先は歩いて行ってみようということにした．

　さらに説明を続けよう．この町の形と名前についての疑問は，実は，出かける前にフライブルク大学の図書館で調べがついた．ここはルイ14世の命を受けたヴォーバンが1702年に完成させた要塞都市だったのである．彼は実に多くの都市を設計しており，先に述べたストラスブールやケールと基本的には同じような構造になっている．

では，なぜ新しいブライザッハなのか．17世紀後半，ライン川流域まで勢力を伸ばしていたルイ14世は，1688年に始まるプファルツ継承戦争でも領土拡張を狙った．しかし，神聖ローマ帝国軍をはじめとする同盟軍との戦闘に敗れ，拠点としていたブライザッハの要塞を失った．そこで急遽，それに代わる要塞がまったく新しくつくられた．レイアウトには理想的な正多角形が採用された．それが新しいブライザッハ，フランス語でヌフブリザックとなったわけで，つまりここはフランスのドイツ諸侯に対する防衛拠点だったのである．

　さて，ヌフブリザックに着いたところに話を戻そう．町全体が堅牢な要塞で守られ，門が設けられている．その遺構は1870年の普仏戦争でかなり破壊されたものの，町をぐるりと囲む要塞や深い濠に切り立つ堡塁（ほるい）など，多くが原形をとどめている⑤⑥．これほど見事に残っているのは，要塞の役目を終えて以降，町が大きく発展しなかったからである．

　門の手前，深さ数mの乾濠を覗くと，フランス軍が演習の最中だった．濠からそそり立つ要塞の石垣をレーンジャーが上り下りしている．まさに要塞ならではの活用というべきか．なお，1992年にフランス軍のドイツ駐留が終わると，この部隊も引き上げて施設もきれいに片づけられた．それにつけても，18世紀にこの町がつくられて以来，20世紀になってもなお，ここがドイツに対するフランスの軍事拠点だったというのがおもしろい．

　要塞の門をくぐると，ケールと同じく碁盤の目状に整然と区画された市街地が広がっている．市街地全体が正八角形になっていて，その中央

⑤ヌフブリザックの要塞（1983年6月）
深い乾壕が町を取り巻いている．

⑥空から見たヌフブリザック
（©Norbert Blau）

に正方形の広場がある．しかし，町の全体像はどうあがいても地上からでは確認できない．地図でこの町を見つけた時の感動を現地でもう一度，と期待してやってきたにもかかわらず，町の中にいてはあの美しい幾何学模様を確認するすべがない．あたりを探したが要塞を見渡せるような塔も立っていないし，わざわざ見に来るところではないらしく，観光客向けの案内板すら見当たらない．しかも人影もなく，話しかける相手もいない．高さのそろった2階建ての建物が整然と並んでいるものの空き家が多いらしく，人が暮らす気配も感じられず，何とも薄気味悪いばかりである．

　なお，この町はその後，大きく変わる．文化財としての価値が認められ，要塞の修復が進められたあと，町が2008年に「ヴォーバンの防衛施設群」の1つとしてユネスコの世界遺産に登録されたからである．2016年に再訪すると，案内のプレートや休憩施設などが設置されていて，中央の広場にも人の姿も見られ，以前のような寂しさは消え去っていた．買い物に行く若い親子連れや，ビジネスマンとおぼしき若者もいる．商店も増えていた．もっとも，観光客は意外に目立たない．近くの雑貨屋で聞くと，「観光客は来るけど写真だけ撮ってさっさと次に行ってしまうよ．ここは上から見ないとね．」なるほど，やはり機会があればぜひ空から眺めてみたいものである．

　再び1983年に戻ろう．一通り見てまわったところで，まだ時間がたっぷりあるので，20 kmほど西にある町コルマールまでバスで行くことにした．中央の広場にあるバス停のポールに時刻表が掛かっているが，見ると本数が少なく，しばらくは誰もいない広場で時間をつぶすしかない．時折通りすぎる車の音が建物に響く以外，何も聞こえてこない異様さ．この見知らぬ町にひとりでいる自分が不思議に思えるほどだ．

　ようやく来たバスを見るとコルマールと書いてある．ほっとして乗り込み，一番後ろに座ったのだが，他に乗客がいた記憶はない．ただ，このバスのことは今もよく覚えている．町の出口をふさぐ要塞の狭い門で，怖い思いをさせられたからだ⑦．門の幅ギリギリなのに，かなりのスピードで走り抜けたのである．ぶつかればひとたまりもない．相手は要塞である．スリル満点のサービスだったか，それとも腕前を見せたかったか．どちらにしてもフランス語が分か

⑦忘れられない要塞の門 (1983年6月)

⑨コルマール旧市街の
プフェスタの家
(1984年9月)
今にもハウルが出てきそうだ.

⑩ コルマールのプチ
ヴェニス (1997年9月)

⑧コルマール旧市街の木骨造りの民家 (1984年9月)

らず文句も言えない.コルマールまで20分.ふかし気味に疾走したバスの乗り心地がどうだったか.あえてお話しするまでもないだろう.

　着いたコルマールは人口約6万9000人(2018年).ストラスブール,ミュールーズに次ぐアルザス地方第3の都市である.ただし,政治や工業の中心になった2つの町に比べて,ここは16〜17世紀に建てられた民家が多く残っているので,市内あちこちに伝統的な風情が漂う落ち着いたたたずまいの町である⑧.

　しかも聖マーティン教会やグリューネヴァルトの名品「イーゼンハイムの祭壇画」を収めるウンターリンデン美術館,プフェスタの家⑨などの歴史ある建物,プチヴェニス地区のロシュ川沿いの民家群といったスポットがあちこちにある

⑪ケーゼルベールの町並み (1984年9月)

⑫ケーゼルベールの筆者
(1984年9月)

⑬ブドウ畑の先に見える村ニーダー
モルシュヴィル（1998年3月）

⑭エギサイムの木骨造りの民家（1984年9月）

⑩．この町はただ歩くだけで楽しい．そう言えば，宮崎駿監督の作品『ハウルの動く城』に登場する町のモデルになったそうだが，趣のある町並みはたしかに絵になる．しばしアニメの世界に遊ぶのもいいかもしれない．

　コルマールを歩いてまわったところで，1983年の国境越えの旅はおしまいになる．もっとも，ここからさらに足を延ばすと魅力ある町や村がいくつも並んでいるので，時間を取ってでも出かけることをお勧めしたい．北西方向に10 km足らずのところにあるリクヴィルやケーゼルベール，ニーダーモルシュヴィルなど，どこも土地の暮らしが根づいた歴史ある町並みが美しい⑪⑫⑬．あるいはコルマールの南5 kmほどのエギサイムの美しい木骨造りの家並みとか⑭，煙突に営巣するコウノトリの姿⑮，断崖のようにそびえる岩山から眼下にアルザスの豊潤な平野が見下ろせるオークニクスブールの城⑯などなど，どれも観光名所ばかりだが，ヨーロッパお勧めの場所と聞かれれば必ず挙がる一帯である．ここはぜひ，粋にフランスのアルザス地方を楽しんでいただきたいものである．

⑮アルザスでよく見かけるコウノトリ
（1998年3月）

□ アルザス人・フランス人・ドイツ人

　アルザス地方の景観を総じて振り返ると，ドイツから国境を越えて来てもあまり違わないように見える一方で，明らかにここではフランスの雰囲気が感じられる．それは先に挙げた送電線とか，建物のちょっとした色使いや納屋の形，あるいは窓辺に置かれた花の種類の違いによるのかもしれない．いずれにしても，国境を挟んで似たものと違うものがまぜこぜになっているように見える．このあたり，誰もが確認できる国境地域ならではの魅力である．

　さてここまでは，ドイツから国境を越えてフランスで見えてくる景観に関わる

⑯**オークニクスブール城**（1984年9月）
眼下にアルザスの平野，遠くにはドイツのシュヴァルツヴァルトの峰が望める.

話をしてきた．しかし，アルザス地方が国境に接した地域であることを実感できるのは景観ばかりではない．そこに暮らす人々と接することによっても，国境地域の様子を知ることができる．

　コルマールとストラスブールのちょうど中間．どちらからも直線で約30 kmの距離にイッタースヴィラという小さな村がある．1997年の初夏．アルザス地方を南北に走るワイン街道をドライブしていた時に，たまたまこの村を通りがかった．旅行ガイドブックにも載っていない小さな村だが，そこから一面ブドウ畑のアルザスの平野が一望できる．その穏やかな風景を眺めながら，ふと1軒のペンションが目に留まった．木骨造りの伝統的な民家だ．ドアベルを鳴らすと，笑顔の夫婦が出てきた．ご主人のレネと奥さんのベティ．気さくな人柄がうかがえたので，そのままそこに泊まることにした．

　民家は，築250年以上という歴史ある木造家屋．むき出しの梁の太さに圧倒される．南向きの2階の窓から見渡せるアルザスの風景．緩やかにうねりながらはるか先まで緑のぶどう畑が延び，ところどころに赤い屋根が集まる村があって，遠くには聖堂の高い塔が見える⑰．右手はヴォージュ山脈の峰へとつながる高ま

りで，左手はライン川沿いの平野へとなだらかに下っている．恐らくこの風景はずっと昔から変わらないままなのだろう．

夫妻はともに1934年生まれ．レネはこの村で育ち，ベティはパリの出身．アルザス人とパリっ子の夫婦である⑱．この村で知り合って一緒になった．レ

⑰**イッタースヴィラから望むブドウ畑の風景** (2012年8月)

ネはもともと指物師だったのが，ベティがホテルで働いていたことから40年ほど前に二人でペンションを始めた．レネはいつも穏やかな口調と柔らかい表情でいて気持ちが和む．ベティは働き者で，てきぱき家事をこなして部屋はいつも片づいている．通りすがりの旅行客でも家族のように温かくもてなすから，評判が立たないわけがない．フランスの著名な旅行ガイドブック『ギドデュルタール』で高く評価されて，国内はもちろん外国からも滞在者が途切れなかったという．残念ながら高齢のために宿を閉めてしまったが，訪ねれば今も歓迎してくれる．

いつだったかレネが自分のことを話してくれた．フランス人として生まれた彼は，1940年にドイツ軍がアルザス地方を占領すると，ドイツへの支援を強制さ

⑲**パリを歩くレネとベティ**
(1962年)

⑱**レネとベティ** (2019年11月)

せられ，占領に反抗するフランス人を敵視せねばならなかった．戦争が終わって
フランスが取り戻し，平和になったのも束の間，1954年に始まったアルジェリ
ア戦争に駆り出され，フランス兵として戦地に渡った．壁に掛けられた何枚もの
家族写真の中にモノクロ写真を見つけた．戦争から無事に戻ったばかりのレネと
ベティが，ふたりしてパリを歩いた時の写真．「これ，雑誌の "TIME" に載っ
たのよ．」ベティが嬉しそうに思い出を話してくれる⑲．ずっとこの村に暮らし
ているのに，フランスとドイツの間に立たされ，自分が何者なのかを問い続けて
こなければならなかった．アルザスの人々には重苦しい記憶が残されている．

　話はさらに続いた．実は彼の父親も同じような経験をしたという．父親が生ま
れたのは1904年．その時アルザスはドイツ帝国の一部だった．もちろん国籍は
ドイツ．すぐに始まった第一次世界大戦中は学校でフランス人を敵として教わ
り，ドイツ国民として自分の将来を考えていた．しかし戦争が終わると，フラン
スの国民に変わらねばならなくなった．にもかかわらず，その後もフランスの敵
国人だったことを気にしていたそうだ．そういう経験を息子にはさせたくなかっ
たそうだが，ここに住む限りそれは避けられなかった．語り口は穏やかでも，言
葉の端々には大国に翻弄されたアルザス人の無念が見え隠れする．

　夫妻は普段はアルザス語を話し，ストラスブールに出かけるとたいがいフラン
ス語で用を足している．またここにはドイツ人観光客が大勢来るので，ドイツ語
も不自由なく使える．いわゆるトリリンガルである．帰属意識について尋ねる
と，アルザス人としての意識が圧倒的に強いが，国民としてのフランス人意識も
持ち合わせている．ドイツ人は，食文化など自分たちと共通の伝統文化やフラン
スになる以前の歴史を共有しているので，親近感があると答えてくれた．

　ところで，このような話題になると決まって引き合いに出されるものにフラン
スの作家ドーデの作品『最後の授業』がある．長らく国語の教科書で紹介されて
いたから，ある年代以上の方々にはおなじみのはずである．1871年，普仏戦争
の結果アルザスがフランスからドイツ帝国に移ってドイツ語学習が強制されるこ
とになり，それまでアルザスでフランス語を教えてきた教師が最後の授業で，フ
ランス人としての誇りを失わないよう訴えたというあらすじだ．

　この作品の本質については田中克彦著『ことばと国家』などの論考があるの
で，ここでは簡単にまとめておこう．この物語はかつて，国境の変更によってド
イツになってもフランス人としての意識は持ち続けるべきとする高潔な国民観を
描いた作品として評価されていた．それが教科書に載っていた理由でもある．と
ころが実際は，当のアルザスの人々は何よりもアルザス人としての意識が強く，

⑳アンシの絵をあしらった食器 (2012年8月)

言葉もアルザス語を話していた．彼らにとってフランス語は，学校で学ばなければ習得できない言語だった．最後の授業でフランス万歳と叫んだのは，南フランス出身のフランス語教師がもはや授業ができなくなることを嘆いたからであって，この叫びはアルザス人の心情によるものではなかったのである．

　このことが明らかにされて以来，この作品はもう教科書にはない．ただし，ここで忘れてはならないのは，この作品の善し悪しではなく，この地域では国家と結び付いた国語が強制され，地方語であるアルザス語を話し，アルザス人と自覚してきた人々が，対立する国家の間で翻弄されたという事実である．

　もっとも，アルザス人の中にも自身を主張した人々がいた．そのひとりにアンシ（1973-1951，本名はジャン ジャック ヴァルツ）がいる．アンシは風景画や絵本などを手がけた作家で，アルザスを旅行すれば必ず耳にする名前だ．民族衣装を着たアルザスの子どもたちを描いた彼の作品は，今やアルザスを代表するまでに知られている⑳．特に，大きなリボンを頭に乗せたワンピース姿の女の子たちは，アルザスの人々の間で世代を越えて人気を集めている．

　アンシは1873年コルマール出身のアルザス人である．普仏戦争でアルザスがドイツ領になってアルザスのドイツ化が強行されると，アルザス人としての意識が強い彼は，一貫して反ドイツの姿勢を貫いた．そしてアルザス人として生き抜くにはフランス国民であるべきとの信条をもち，フランス愛国者として行動し，それは作品にもしっかり表現された．出版した絵本には民族衣装を着たアルザス人が描かれたが，どれもフランス語で書かれ，しばしばフランス国旗が添えられた．自由と平等，友愛の理念を共有するフランス国民となることに，彼はアルザス人というアイデンティティのよりどころを求めたのである．

　彼の作品に登場するかわいらしい民族衣装の子どもたちは，今や観光客の間で

も人気で，土産物などにもプリントされている．しかし，この絵が放つメッセージをどれだけの人々が感知しているだろうか．素朴で牧歌的なアルザスのイメージとは裏腹に，人々がたどってきた苦難の歴史にも目を向けるべきだろう．

　アルザスと聞くとフランスなのかドイツなのかという二者択一のようなとらえ方になりやすい．しかし，それは国境を挟んだ国と国の関係からこの地域を語っているにすぎない．当のアルザスに暮らす人々にとっては，アルザス人という選択肢こそが第一義的なのであって，彼らはそれを支えてくれる政治的枠組みを求めてきた．その意味で国境のないヨーロッパを目指すEUは，彼らにとって願ってもない体制に違いない．

□ 共有される記憶

　アルザスにいると自然に心が和んでくる．ここがかつて戦場だったことは，その美しい風景からはどうしても想像がつかない．しかし，フランスとドイツが戦った跡は今もあちこちに見つけることができる．レネは，国境に興味があるなら，と3つの場所を勧めてくれた．

　まず1つ目がマジノ線博物館．マジノ線とは第二次世界大戦前にフランスがドイツ国境に沿って築いた要塞線である．マジノ線はフランスの最東端，ドイツとの国境に沿って200 km近くに渡って張り巡らされた．このような要塞の跡はアルザスにいくつも残っているそうだが，博物館として開放されている要塞跡が，ヌフブリザックの北に約15 kmのマルコルサイムという村にある[21]．

　出かけてみると，村の一角にある要塞跡が公開されていて，土で覆い隠された巨大なバンカーが見える．近くに広い駐車スペースが用意されており，恐らく大勢の観光客が来るのだろう．いかつい構築物で入り口は小さく，博物館でなければとても入る気にならない．しかし，入ってみると中は思った以上に広く，大がかりな施設であることに驚かされる．バンカーの地下に通路が延び，車両で移動できるような空間もある．一定期間，地下で生活ができる設備が用意され，攻撃を阻止するための装備が施されていた．これがドイツとの国境に沿って延々と造られたのである．同じ時期にドイツ側に造られたジークフリート線の要塞（第2章で旅したドイツ国境の町ケールにも築かれていた）に比べて，格段に立派な施設である．考えてみれば，侵略する側よりも侵略される側のほうが防衛に力が入って当然だろう．

　さて，これだけ壮大な防衛ラインを敷いたフランスだったが，実際の戦闘では，ドイツ軍は直接フランスに攻め込まず，ベルギーを経由してフランスへと侵

㉑マジノ線要塞跡 (2017年9月)　　㉒ドイツ兵の墓地 (1997年9月)

攻した．ベルギーとの国境沿いにマジノ線が設置されなかったからである．なぜ
設置されなかったのか．諸説あるのだが，ベルギーを見殺しにできなかったとい
うのが，もっともな理由とされている．ドイツ軍の手中に落ちたアルザスは，
1940年にドイツに併合される．しかし，1944年に連合軍による巻き返しがあ
り，ここは再び戦場となった．

　戦闘がいかに凄惨なものだったか．アルザスにはフランス軍とドイツ軍それぞ
れの兵士が眠る広大な墓地があちこちにあり，犠牲の大きさに圧倒される．レネ
が勧めてくれた2つ目の場所はドイツ軍兵士の墓地だった．コルマールから北約
15 kmにベルガイムという町があり，その北西1 kmほどブドウ畑の丘を上がっ
ていくとドイツ軍兵士の墓地がある．広大な緑の芝生に，アルザス各地で命を落
とした5309人の十字架が整然と配置されている㉒．静かに風がそよぐなか，穏
やかな風景にかつての壮絶な戦闘のシーンは見えてこない．花を持ってくる人が
いた．地元の人らしい．敵国だった兵士を慰めているのだろうか．分からない
が，戦争の記憶がいつしか土地の人々の記憶になっているのかもしれない．

　そして3つ目．それはナッツヴィラ．ナチスドイツが設けた強制収容所の跡で
ある．ストラスブールから西南西に50 kmほどの道のり．ヴォージュ山中にそれ
はある．うっそうとしたドイツトウヒの森の中をくねくねと上がって行く．車の
ギアを2速に落とさないと登れないくらい急な山道である．しかも光が十分に届
かない路面は，日中なのにライトをつけないと心もとないくらいだ．行けども森
が続き，なかなか着かない．怖いもの見たさも手伝ってドキドキしていると突
然，視界が開けて巨大な白い塔が現れた．近くには黒っぽい木造の家屋が並び，
鉄条網の柵，奥には大きな十字架も見える㉓．

　ドイツ語でナッツヴァイラー・シュトゥルートホフ強制収容所．近くで産出す
る希少な赤色花崗岩を採掘するために，労働者を収容する施設として1941年に
ドイツが建設した．しかし，そこにはガス室も焼却炉も解剖室もつくられ，絞首

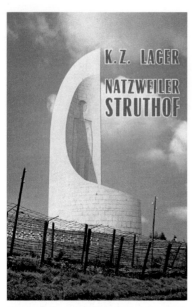

刑台まで用意された．まさに平然と虐殺が行われていた．約5万2000人がヨーロッパ各地から移送され，採石場の重労働もあって約2万2000人がここで命を落としている．その死亡率はアウシュヴィッツを上回ったという．目の前にある収容所跡を見ていても，アルザスののどかな風景とのギャップがあまりに大きすぎて，かつてここで何が起こったのか．すぐには想像すらできない．

戦後，フランス政府はこの施設をそのまま保存して，ナチスの犯罪を後世に残した．そして犠牲者の霊を慰めるだけでなく，ファシズムの出現を二度と許さないというメッセージもここに込められた．これにはドイツの協力もあり，このおぞましい「負の記憶」は次の世代に継承されよ

㉓ナッツヴィラ強制収容所のドイツ語版のパンフレット

うとしている．

それにしても，ここで多くの犠牲者が出たことを思うと興味本位で見てまわる気になれない．つい写真も撮らずにうろついていると，係員が出てきた．ドイツ語で話しかけると，収容所跡にはフランス人だけでなく多くのドイツ人も見学に来るとのこと．ナチスによる犯罪の現場には，かつての敵味方に関わらず訪問者が絶えないそうである．少しずつなのかもしれないが，ここでも歴史の共有が進んでいるように思えてきた．

2つの章に渡ったアルザス地方への国境越え．フランス語が分からなくてもドイツ語で何とかなる．ここはドイツから行きやすいフランスである．国境を越えてもあまり違和感がなく，ドイツにいる気がしないでもない．まさに国境を感じさせない国境と言えるだろう．しかし，この地域には侵略者たちに蹂躙された歴史があり，人々はその記憶をしっかりと持ち続けている．ここにいると，国境地域ならではの宿命を背負いながら，アルザスの人々が加害・被害を問わず受け入れる寛容さをもっていることに気付かされる．アルザスはドイツにあるべき，などといった声をいまだに耳にすることがあるが，それがいかに現地を知らない発言か，国境を越える体験で確認できるはずである．

国境アラカルト2 ──要塞の国境から観光の国境へ

　ドイツ最西端の町アーヘン．その昔，フランク王国のカール大帝が住んだとされ，中央にそびえる荘厳な大聖堂で知られる①．町の西約5 kmのところに国境が走っているが，隣接するオランダの町マーストリヒトやベルギーの町リエージュとは国境を越えた人やモノの流れが緊密で，まるで全体が1つの大都市圏のようになっている．まさに地域統合を目指すEUのお手本とされている国境である．

　そんな場所柄，この一帯がかつて第二次世界大戦の激戦地だった事実はとても想像できない．ドイツ国境を巡って繰り広げられた血みどろの戦い．さすがに恐ろしい過去を思い起こす場所など，今の時代にあるはずがない．そう思っていると，その当時の

①アーヘンの大聖堂 (1984年12月)

様子が分かる遺跡が国境近くに残されているという．早速出かけてみた．
　アーヘンからベルギーとの国境に沿って南下すると，畑の中に並ぶ巨大なコンクリートのブロックが見えてくる②．高さは1 mを超え，10 mほどの幅で整然とブロックが列をなしている．緑色の緩やかな畑のうねりの中に灰色のごつごつした構

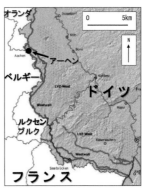

②ドイツの国境沿いの要塞「ジークフリート線」(1984年12月)
地図中の赤色の線がジークフリート線．

築物が並ぶ景観は，実に異様である．このブロックはさらに南の国境沿いの町モンシャウあたりまで，途切れながらも畑や森に確認することができる．

これは，第二次世界大戦に備えてナチスドイツが国土の西の国境に沿って構築した要塞「ジークフリート線」の一部だった．ブロックは対戦車用の障害物で，当時フランス側に設置された要塞「マジノ線」（第3章）と対峙していた．戦後かなりの部分は撤去されたものの，さすがに頑丈で今もそのまま残されているのである．

実際，この要塞は連合軍をてこずらせた．大戦末期，フランスのノルマンディーから陸伝いにドイツを目指した連合軍は，敗色が濃くなったドイツ軍の最後の抵抗に遭い，1944年10月から1945年2月まで，この一帯で壮絶な戦闘を続けた．彼らの行く手は要塞に阻まれ，膠着状態に陥って多大な損害を出した．ようやくドイツ軍を打ち破り，ライン川を渡ったものの侵攻計画は大幅に遅れ，ベルリン攻略では東から進んできたソ連軍に先を越される羽目になる．

こうした経緯から大戦後の西ドイツは，近隣の国々との関係修復を最優先課題に据えた．その功あってこの国境でヨーロッパ最初の人の自由移動が実現し，それがやがてヨーロッパ統合につながっていく．

この国境がいかに平和になったか．それを実感できる場所がある．ドイツとオランダ，ベルギーの三国国境である．アーヘンから西に7kmほどのところ．三国国境の案内板を頼りに丘を登っていくと3つの国境が集まる場所があり，石碑が置かれている．そこにはD（ドイツ），NL（オランダ），B（ベルギー）の文字が三方に書かれ，その脇で各国の国旗がたなびいている③．

石碑のまわりは観光客で賑やかだ．かわるがわる記念写真を撮り，国籍の違う者同士が和やかに声を掛け合っている．ヨーロッパ各地にある三国国境のなかでも，これほど人が集まるところは他にあるまい．恐らく残酷な歴史があるからこそ，そのギャップが魅力なのだろう．ここにいるとこの国境で払われた犠牲が何のためだったのか，改めて考えさせられる．

③ドイツ・オランダ・ベルギーの三国国境での記念撮影 (2000年1月)

東西分断の国境を体験する
―東西ドイツの国境跡―

西ドイツから見た東西ドイツ国境 (1984年8月)
監視塔とフェンスの手前に立つ東ドイツ側の警告板「ストップ！ここが国境」．
実際の国境がフェンスよりもずっと手前にあったのがわかる．西ドイツ側から知らずに踏み
込むと警告のサイレンが鳴り，居続けると狙撃されかねない，とんでもない国境だった．

ドイツ

ベルリン

旧東ドイツ

旧西ドイツ

□ 消えた国境，なくなった東ドイツ

　ヨーロッパの地理の講義をしながら，「この間までヨーロッパは東西に分断されていた」とつい口走り，しまったと思うことがある．ヨーロッパが西と東に分かれていた時代を知っていると，思わずその構図が頭に浮かんできてしまうのだが，もちろん聞いている学生たちにとっては生まれる前の歴史である．日本の総人口の約27%が30歳未満だから，日本人の4人に1人にとって東西冷戦はすでに遠い昔ということになる．皆さんにとってはいかがだろうか．

　さて，幸運とすべきか，その分断が終わる瞬間に遭遇した世代である．1980年代から最近まで幾度となくドイツを訪れる機会があり，冷戦時代の怖い雰囲気も，冷戦が終わった直後のお祭りムードも，そしてそのあとにやってきた期待外れのしらけた空気も肌で感じることができたのは貴重な体験に違いなかった．

　最初に東西ドイツを分ける国境を見たのは1984年．ちょうど米ソの対立が先鋭化して，東西ドイツそれぞれに弾道ミサイルを配備した時期にあたる．ドイツは東西両陣営の最前線にあって，国境は恐ろしく張り詰めていた．

　南ドイツの町ニュルンベルクから北に150 kmほどの道のり．現在はバイエルン州とチューリンゲン州の境界だが，当時はここが東西ドイツ間の国境だった．ザーレ川を隔てて，川の向こうに東ドイツのブランケンベルクという村が見える

①東ドイツの村ブランケンベルク付近の東西ドイツ国境
左：川の国境の先に二重のフェンスが見える（1984年4月），右：統一してフェンスは撤去されている（1992年8月）

①左．川の中央が国境になっていて，対岸に2本のフェンスが走っている．西ドイツへの脱出を図る東ドイツ国民を逃さないように，東ドイツ政府が1961年に設置したものである．本来はフェンスは一重なのを，ここでは村が国境に近すぎることから，警戒を強めて二重に設置されていた．しかも川岸よりも手前に設けて，万一これを越える逃亡者がいても，川までの間に狙撃できるスペースが確保されていた．それほど念入りにつくられた国境だった．

　当時の西ドイツでは，このように東ドイツが見える場所によく人が集まった．週末になると双眼鏡を持ってわざわざ出かけて来る西ドイツ人の車が並んだ．特に何かが起こるはずもないのに，国境の向こう側にある東ドイツが見たいのだろう．ものものしい国境の風景を眺めるだけで満足する雰囲気が漂っていた．

　出かけたのは4月．平日だったからか，人影のない国境の風景はとても静かだった．何ひとつ動くものがない．ひと通り写真を撮ったところで，そろそろ次に行こうかと地図を広げると，近くを高速道路（アウトバーン）が走っていて，それが破線で示されている．気になったので車を走らせると，やがて1本の橋にたどり着いた．欄干の隙間から覗くと，下に道路のようなものが見える．

　それは廃道になったアウトバーンだった②上．南ドイツの町ミュンヘンから北上してドイツ東部の町ドレスデンに通じるルートで，それが廃止されていた．アウトバーンはナチスドイツ時代に建設が始められ，しっかり舗装された片側2車線は，当時としては破格の水準が評価されていた．しかし，戦後の東西分断によって，西ドイツと西ベルリンを結ぶ一部のアウトバーンが使われ続けた一方で，他の地域を結ぶ道路は東西ドイツの国境で断ち切られてしまった．

　行く手を失ったアウトバーン．改めて橋の上から見ると，中央分離帯の左側の道路が撤去されている．農作業でトラックが走ったのか，右側の舗装部分は泥にまみれている．これがかつて世界に冠たる国力を誇ったドイツのアウトバーンの成れの果てなのか．荒れた道を見ながら何とも寂しい思いがしたものである．

それからわずか数年後の1989年11月9日．分断の象徴だったベルリンの壁が国境を越える人の波に飲まれると，東西対立の構図はあっけなく崩壊してしまう．そして1990年に東西ドイツは熱狂的な再統一を果たし，あれほどまでに厳重に警戒されていた東西国境は，一瞬にして消えてなくなった．冷徹無比の分断が終わり，ありとあらゆるものの行き来が突如として始まった．このあまりに劇的なできごとに世界は驚かされ，日本でも連日のように伝えられた．ちょうどバブル絶頂期．誰もが明るい未来に期待を寄せたはずである．

ドイツが統一して2年が経った1992年．念願の現地を訪れる機会に恵まれた．どんなふうに変わったのか，以前に東ドイツのブランケンベルクを見た同じ場所に行ってみると，かつて張り巡らされていたフェンスはすべてなくなっていて，かろうじて地面にその跡が残っているばかりだった①右．

廃道になっていたアウトバーンのほうはどうなっただろう．以前と同じ場所に行ってみると，撤去されていた左側の道路が新しく舗装されて車が走っている．泥まみれだった右側は掘り返され，工事中になっていた②中．そ

②統一して再整備されたアウトバーン
上：廃道になっていたアウトバーン（1984年4月）
中：統一後に半開通したアウトバーン（1992年8月）
下：全面開通したアウトバーン（1993年9月）

して翌1993年にもう一度行ってみると，工事は完全に終わっていて，高速で行き交う車を見ることができた②下．統合間もないドイツでは分断されていた交通の整備が重点的に行われていたので，このアウトバーンの再生工事も急ピッチで進められたのだろう．

さらにかつての東西ドイツ国境に沿って移動してみたが，どこも国境だった壁

③壊されたままの東西ドイツ国境の壁 (1992年7月)

は壊され，無残な姿をさらしていた③．国境を見張っていた不気味な監視塔も，威圧されてきたことへの腹いせか，どこもひどい荒れようだった．そしてそれらもやがて片づけられ，分断の事実はみるみる見えないものになっていった．

□ 東西ドイツ分断の記憶

　壁がなくなった話をしたところで，遅ればせながら東西ドイツ間にこれほど厳重な国境があったことについて，その歴史的背景を簡単におさらいしておこう．

　東西ドイツ分断は，第二次世界大戦後にソ連，アメリカ合衆国，イギリス，フランスの戦勝4カ国によるドイツの分割占領にさかのぼる．1949年に西側3カ国の占領地域がドイツ連邦共和国（西ドイツ），ソ連占領地域がドイツ民主共和国（東ドイツ）として独立した．冷戦体制下において，東西ドイツの国境は東西ヨーロッパ分断の国境でもあった④．

　西ドイツではマーシャルプランなどアメリカ主導の復興支援がなされ，1950年代に経済は急成長を遂げた．一方，東ドイツでは産業の集団化や国営化が強行され，復興がゆっくりだったため，次第に自らの将来を求めて西ドイツに移住す

るする人が増えていった．この人の流れを食い止めたのが，1961年に建設が始まった東西ドイツ間の壁だった．あとで述べるベルリンの壁がつくられたのも同じ理由である．東ドイツ政府は当時，これを「西側勢力の侵略を防ぐ壁」と呼んだが，もちろんそうでなかったことは，1989年に自由を求める東ドイツの人々によってベルリンの壁が崩壊したことからも明らかである．

④旧東西ドイツの国境沿いで訪れた町と村

　さて，1990年に東西ドイツが統一して消えていったのは国境だけではなかった．東ドイツという国もなくなり，いくつかの例外を除けば，東ドイツだった地域は急速に西ドイツ化していった．西ドイツと同じ連邦制が導入されて，ブランデンブルク州やザクセン州など5つの州がつくられ，東ドイツ時代の国営企業に代わって西ドイツの企業が進出した．たとえば東ドイツ南部の工業都市ツヴィカウは，東ドイツ時代には国民車と言われたトラバントの生産拠点だったが，統一とともにその生産は終わり，代わってフォルクスワーゲンの大工場がこの町で操業を始めた．この他，東ドイツのドイツ国営鉄道は西ドイツの連邦鉄道と統合してドイツ全域が連邦鉄道になり，東ドイツの国家人民軍に代わって西ドイツの連邦軍が統一ドイツの国防を担っている．例を挙げればきりがない．西ドイツだったドイツ連邦共和国が統一したドイツの名称になったように，ドイツ再統一は，明らかに西ドイツによる東ドイツの吸収合併だったのである．

　東ドイツの住民の暮らしも，大きく変わった．かつては男女の分け隔てなく国民は労働に従事していたので，保育所や幼稚園が完備し，資源が限られていたことからリサイクルが徹底していた．市民の足は圧倒的に鉄道やバス，市電などの公共交通機関で，トラバントのような自動車はぜいたく品であり，予約してから手に入るまで20年近くもかかる「憧れの的」だった⑤．

　それがいきなり西ドイツと一緒になった．さまざまな新しい生活スタイルが東ドイツに流れ込んできた．大量生産・消費の資本主義経済が浸透するにつれて人々は新品を買い求めるようになり，リサイクルは大幅に縮小した．あらゆる生活に急激な変化が起こり，なかでも話題になったのが自家用車だった．東ドイツ

⑤旧東ドイツの町ツヴィカウを走るトラバント (1991年9月)
老朽化して黒ずんだ住宅が並ぶ.

⑥東西ドイツ国境博物館メードラロイト (1992年8月)
小さな村に白い壁と監視塔が見える.

の人々は西ドイツ製の車を手に入れることに躍起になったのである. その理由は, 東ドイツだった地域で車を運転してすぐに分かった.

　ドイツが再統一して間もない頃に東ドイツのアウトバーンを走った時のこと. 車はフォルクスワーゲン. 時速140 kmで走っていると脇をベンツが風を切って追い抜いていく. ドイツならではの光景だ. やがてはるか前方に小さな車が見えてきた. トラバントだ. かなり遠くに見えたのだが, それがみるみる目の前に近づいてくる. まるで逆走してくるかのようで, 慌てて追い越し車線に出て難を逃れたが, 車のスピードは西と東でそれほどまでに違っていた.

　そして恐らくその違いに東ドイツの人々は耐えられなかったに違いない. 統一して間もなく, 彼らは何をおいてもまず車を買い替えた. 目当てはスピードの出るベンツやBMWのような西ドイツ製の車. その購買力たるやすさまじく, 1990年代初頭当時, 西ドイツでは安い中古車が品薄になるほどだった. これにより, かつて東ドイツで人気を集めたトラバントは, 一気に過去の物になっていった.

　国境の話に戻ろう. 東西ドイツの国境がなくなり, 見えなくなったとお話ししたのだが, 実は不思議なことに, それと並行して国境があったことをわざわざ残そうとする動きも現れていた. それは, 放棄されて壊された壁やフェンス, 監視塔など国境の景観を修復して保存するための活動だった.

　先のブランケンベルクから東に10 kmばかりの村メードラロイトに野外博物館がある⑥. かつてこの村を流れる川に国境があり, 人口50人にも満たない小さな村が壁で真っ二つに分断されていた. 当時西ドイツ駐留のアメリカ兵が, このあり得ない光景を見て「リトルベルリン」と呼んだという逸話もある. 以来, 国境が消えるまでここは分断の象徴とされてきた. この小さな村に, 国境跡から監視塔や鉄条網, 軍用車両などを集めて, 東西分断の国境を再現した博物館が1994年にオープンした. 忌まわしい国境を思い出す場所であるにもかかわらず, ドイツ国内から観光客が訪れている.

⑦**日独地理学会議で訪れた東西ドイツ国境**（1984年8月）
東ドイツの村ヘーテンスレーベン付近を二重の壁が走る.
手前の川が国境.

⑧**保存されている東西ドイツ国境跡**（1994年8月）
写真⑦の遠方に見える監視塔から二重の壁の跡を望む.

　同じように, ドイツ北部の町ハノーファーから南東に90 kmほどのところにある村, ヘーテンスレーベンにも国境の跡が残されている. 村はかつて国境ぎりぎりにあり, 越境を試みた若者が犠牲になったことで知られていた. 1984年に日独地理学会議でこの国境を案内されたときも, 皆, 怖いもの見たさで二重の壁の向こうを覗き込んでいた⑦. そんなおぞましい国境がなくなったのだから, すべて撤去するのかと思いきや, その場所を記憶に残すためにかつての国境の様子が再現されている. 週末には家族連れが見学に来て, 以前は地雷が埋められていた国境線沿いの道をのんびり散歩している⑧.

　このように, 国境跡は今や東西分断の歴史が分かる場所になっている. そもそもその歴史は, ドイツの人々にとって忘れたい過去であるように思われるのだが, あえて分断の事実が保存されている. なぜわざわざこのような場所がつくられるだろうか. よく言われるのは, それが紛れもなく自分たちの歴史の一部であり, 忘れてはならないから, という理由である. 一般に, 栄光や誇りを感じる歴史は受け入れやすく, そのために英雄の像など堂々たるモニュメントが建てられる. それに対して, 負の歴史に多くの人は触れたがらない. しかし, それが残され, 記録として読むことができれば, 人々はそうした過去を見つめることができる. ドイツを分断する国境があったという歴史が, モニュメントとして残すことによって人々の間で共有され, 次の世代に継承されていくのだろう.

　最後に, ドイツ再統一とともに現れた明るい展望についても述べておこう. 東西国境に近かった地域では, 将来に向けて大きな期待が寄せられた. 何しろ分断時代は危険な場所とみなされたために, 経済が停滞していた. それが, 国境がなくなって統一ドイツの中央になったのだから, 夢が膨らんだのも当然である.

　南ドイツの町ニュルンベルクから北に100 kmほど行くと, 美しい城で知られるコーブルクという町がある. その北にはかつて東西国境が走っていた. 国境が

Fünf Tage Neustadt „durchleuchtet"

Japanischer Geograph Dr. Masahiro Kagami untersuchte die Neustadter Kontakte zu Sonneberg

NEUSTADT (bk). Nach fünftägigen Untersuchungen des regionalen Wandel nach Grenzöffnung wurde gestern Dr. Masahiro Kagami von phinehen Universität Tokaus Neustadt verabschiedet.

mkt der Untersuchungen, agraphen vor Neustadt be-Braunschweig, Hof und führten, standen zwei vorhandenen Auswirkungen vorhandenen Auswirkungen iekten Landesgrenzen sonderte Situation in Europäem Fall der Grenzen im

idt selbst untersuchte Karbindungen zu Sonneberg, Informationen über histoergründe, Bevölkerungsg, Arbeitslosenzahlen, und Arbeitsmöglichkeiten über die Neustadter Ibung zur Verfügung ge...

Nach fünftägigen Untersuchungsarbeiten im Neustadter Rathaus wurde Dr Masahiro Kagami (links) von zweitem Bürgermeister Leonhard Weit-(rechts) wieder verabschiedet. Foto: W. Breischneider

⑨ノイシュタットの市長訪問を報じた新聞記事 (Coburger Tageblatt, 1994年8月25日)

⑩1980年代の東西ドイツ国境とノイシュタット
(バイエルン州測量部2.5万分の1地形図)

なくなって間もなく，コーブルクから北東15 kmの国境近くの町ノイシュタットで市長に話を聞く機会があった⑨．「この町には東ドイツ側の隣町ゾンネベルクと並んでおもちゃづくりの伝統があるので，これから協力して国際的なおもちゃ文化の中心になりますよ．」熱く語ってくれたのが今も思い出される．

東西分断時代，町のすぐ近くに国境が延びて鉄道が行き止まりになっていたのが，当時の地図で確認できる⑩．その鉄道が今はつながり，国境があった付近には大きなショッピングセンターができて，車が行き交っている⑪．分断されていた地域は急速に結び付いており，連携した発展が期待されている．

⑪東西ドイツ国境跡に開通した道路（1994年8月）
カーブのところが旧国境．旧東ドイツ側にショッピングセンターが見える．⑩の地図中の⑪の地点で撮影

□ 東西の心の壁

再統一した当初，ドイツは熱狂に包まれていた．しかし，それも長くは続かなかった．想像以上に大きい経済格差を目の当たりにした旧西ドイツ市民は，統一によって大きな経済的負担を背負い込み，ものの考え方があまりに違う東ドイツの人々と同じ国民となることの難しさに気付き始めた．これに対して旧東ドイツでは，同じ国民でありながら賃金が低く抑えられ，西ドイツの制度の下で西ドイツ人に一方的に支配されていると感じることが増え，それが不満の種になった．

しかし，なによりも東ドイツという国がなくなったことが，次第に旧東ドイツの人々の心に重くのしかかってきた．生まれ育ち，将来を託した国がなくなった喪失感．国籍が東ドイツからドイツに変わっても，自分たちは何者かの問いが常に付きまとう．統一したことで旧西ドイツの人々の意識に大きな変化が起こらなかったのとは対照的に，旧東ドイツの人々が心のよりどころを失い，アイデンティティが見えにくくなったのは当然だった．

　それが過去への郷愁，つまりノスタルジーとなって現れた．ドイツ語の東を意味するオストと組み合わせたオスタルギーという語が統一後に生まれたが，今やドイツでは誰もが知る日常語になっている．かつての生活文化を懐かしみ，東ドイツ時代の暮らしに自分たちの意識のよりどころを求める人が多いからだろう．最近は旧東ドイツの町に，当時の電化製品や食料品を売る店が現れており，店内には思った以上に客がいる．過去を振り返る人々の姿が垣間見えて興味深い．

　ともかく40年間の社会主義時代にまったく別の社会や文化がつくられたのは事実である．西ドイツでは人々は自由を求め，個人が努力して豊かさを獲得してきた．そのために新しいビジネスにチャレンジし，自分なりの暮らしを求める風潮が育まれた．しかし東ドイツでは，生活保障など国家による保護や安全が求められ，人々にはそれを受け取る権利があった．誰もが平等の社会は個人の努力で得られるものではなく，上から提供されるものとして期待されていた．

　こうした社会や暮らしの違いは，統一して同じ国民になっても，彼らの行動や意思決定のしかたの違いとなって現れた．それが今も人々の心の中に大きな壁としてあり続けているというわけである．

　そう言えばこんなことがあった．1997年夏にイタリア北部の山岳観光地カステルロットを訪れ，地元の友人ハインリヒが経営するホテルのパーティに参加したときのことだ．宿泊客はバカンスを楽しむドイツ人ばかり．たまたま西ドイツ人夫婦と東ドイツ人夫婦と5人でテーブルを囲むことになり，あれこれ山の話などして楽しく過ごした．ところがしばらくするうちに，会話は弾んでいるのに彼ら西ドイツ人と東ドイツ人の間でまったく口をきいていないことに気がついた．もちろん言葉は通じるはずだし，何かトラブルでもあったなら同席しないだろう．奇妙に感じながらも話題はドイツや日本にも及び，ハインリヒも仲間に入って賑やかな晩になった．ただ，最後まで彼らお互いが話すことはなかった．パーティのあと，ハインリヒがこっそり言ってきた．「ドイツ人は難しいよ．東西でまだ一緒になっていないみたいだから，気をつけないとね．」休暇を過ごしている者同士が口をきけない状況．同じ国民なのに話ができない理由が西と東の違い

だとしたら，心の壁は思った以上に厚いのかもしれない．

　ちょうどその頃に出版された『ドイツ人のすがた（Die Deutschen pauschal）』という本に，ドイツ人の特性が書かれていた．「西ドイツ人は東ドイツ人を怠慢ですぐに弱音を吐く人々だと思い，東ドイツ人は西ドイツ人をシニカルで，あざとい人々だと思っている．」いささか行き過ぎた物言いだが，イタリアでの体験をふり返ると，ある程度は言い当てているように思えてくる．

　ところで話変わって，統一したドイツ．その国歌はワールドカップでおなじみの，あの有名なハイドンの曲だ．もともと西ドイツの国歌で，「統一と正義と自由を祖国ドイツに！（Einigheit und Recht und Freiheit für das deutsche Vaterland!）」の歌詞で始まる．一方，かつての東ドイツ国歌の1番には「ドイツ，1つの祖国（Deutschland einig Vaterland）」の1節があった．ここでは，いずれの国歌にもこの「祖国（Vaterland）」という語が入っている点に注目したい．

　「祖国」は，かつてプロイセンが1813年に制定した標語「神とともに国王と祖国のために（Mit Gott für König und Vaterland）」に登場して以来，政治の舞台でしばしば使われてきた．1871年にプロイセンの宰相ビスマルクによってドイツの統一が成し遂げられる以前，18世紀末のドイツには300以上の領邦国家があった．つまり現在のドイツの国土にはあちこちに国境が走っていた．それを統合して1つの国家へと発展するとき，力強く発せられたのが「祖国」だった．分断が終わり，再統一が実現して30年が経った．東ドイツがなくなって心の分断は続くものの，この語を共有する限り彼らは統一への道を歩み続けるのだろう．

□ 分断の縮図ベルリン

　東西に分断されていたドイツの国境．その分断の境界を間近に感じられたのがベルリンの壁だった．最後にベルリンのお話をしよう．

　ベルリンは今や発展目覚ましいドイツの首都だが，かつては市内が東西に分断され，冷戦の象徴だった．壁が町の中央を走っていたことから，東西の建物が互いに接近していて，壁越しに向こう側を覗くことができた．もともと壁は国民の逃亡を防ぐ目的で東ドイツが設置したものであり，東側からは壁に近づくことはできなかった．しかし，西側では壁に直接触ることもできたほか，にわかづくりの展望台から壁の向こうを覗けることから，多くの観光客が壁を訪れていた⑫．

　1984年の冬に初めてベルリンを訪れたときのこと．当時は西ドイツから西ベルリンまで飛行機で行こうとすると，アメリカ合衆国，イギリス，フランスのいずれかの航空会社を利用するしかなかった．その理由を簡単に説明しよう．

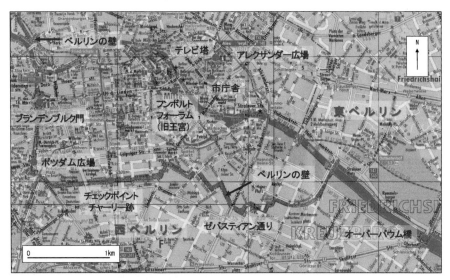

⑫ベルリン市街地と東西分断の壁 (Berlin City & Mehr; StadtINFO Verlag; 2003年版)

　第二次世界大戦後，ドイツの国土と同様，首都ベルリンも戦勝4カ国によって分割占領された．そして東西冷戦下で西側3カ国の占領地が西ベルリン，ソ連占領地区が東ベルリンとなった．東西両ドイツは1949年に主権を取り戻したが，ベルリンは東西両陣営が対峙する場として占領が続いた．経済的には西ドイツと一体化したものの，西ベルリンは西ドイツの領土ではなかった．そのため西ドイツから西ベルリンへの空路は西側3カ国の航空機に限られていた．なお，ベルリンは占領されたまま冷戦終結を迎える．この町がドイツの領土に組み込まれたのは，ドイツが再統一した1990年10月3日になる．

　さて，降り立ったベルリンは何十年ぶりかの厳しい寒波に見舞われて一面の雪景色だった．西ベルリンに到着するや，まずは壁を目指した．降り積もった雪と灰色の空がいかにも北国の風景で，それだけで心が内向きになる．黙々と道を行く人々を見ていると，とても人口300万の大都会にいる気がしない．

　ベルリンの壁にはいくつもの有名な場所があった．ブランデンブルク門やポツダム広場．さすがにここには人が来ている⑬．どちらも大戦前までは市内きっての繁華な場所で，戦災と分断によって変わり果てた風景とのギャップが観光客を引きつけていた．まさに東西の境界を見るのに格好の場所だった．

　すっかり観光気分で壁に沿って歩き出した．道路の片側を壁が覆い隠していて

⑬分断されたポツダム広場（1984年12月）
展望台は東ベルリン側を覗き込む観光客であふれていた.

も，見上げれば壁の向こう側の住宅がすぐそこにある．適度な緊張と好奇心で胸がおのずと高鳴ってくる．戦前の繁栄と戦争による破壊．そして分断で起こった悲劇．本で知ったことを目の前の景観が雄弁に語ってくれる．

ポツダム広場から南東方向に壁に沿って歩いて40分くらいだろうか．ベルリンの中央を流れるシュプレー川に架かるオーバーバウム橋まで来た．川に分断線が走っており，詳しく言うと，川は東ベルリンの領内を流れて境界は西ベルリン側の川岸にあった．そこで橋全体は東ベルリンの管理下に置かれ，橋の手前に壁がつくられていた．もともと地下鉄が並走する美しいデザインの橋だったが，分断されて見る影もないほどのすさみようだった⑭⑮．

展望台から高さ4mもの壁越しに橋の様子を眺めると，向こうに高い監視塔が立っている．雪が積もった橋の上にはライトが並んでいて，誰ひとりいない寂しい風景である．もっとよく見えないかと壁に近づくと，突然，後ろから叫び声が上がった．「気をつけて！」あわてて指さす先を見ると，手前の壁にへばりつくように監視小屋が建っていて，黒く開いた窓の奥から東ドイツの警備隊員がこちらをにらんでいる．わずか数mの距離だ．思わず腰が引けたが，何かが起こる気配はない．ただ，壁を隔ててものすごい温度差があることをすぐに感じた．ここは紛れもなく東西冷戦の現場だったのである．

⑭壁越しに見える東ベルリン側のオーバーバウム橋（1984年12月）

⑮壁撤去後に整備されたオーバーバウム橋（2014年12月）
左の男性が立つあたりに壁が橋を横切っていた.

実際，当時のベルリンは，壁を境にして別世界が展開されていた．そしてそれ
は東西両陣営が互いに張り合う場所でもあった．西ベルリンは東に向けたショー
ウィンドーと呼ばれた．西ベルリンには，分割統治が始まって間もない1948年
に，ソ連が西ベルリンへの陸路を封鎖・制圧しようとした「ベルリン封鎖」事件
が起こり，孤立した西ベルリンにアメリカ軍が生活物資を空輸して市民が生き延
びた苦い歴史がある．そのため企業はもちろん，住民の多くは西ベルリンの不安
定な状況を嫌って西ドイツに転出していった．西ベルリンは東ドイツ領内に浮か
ぶ島のようで，しかも1961年に西ベルリンをぐるりと囲むように壁がつくられ
たので，転出はさらに加速した．その間，行政による支援が続けられ，西ベルリ
ンは景気を保っていた．そしてそれは東ドイツへのアピールへとつながった．西
ベルリンの様子は東ドイツ当局にも伝わっていたのである．

　これに対して，東ドイツも負けていなかった．東ドイツの繁栄ぶりを誇示する
ために，西ベルリンから見えるような高いテレビ塔（現在はベルリンのシンボ
ル）や高層マンションを建てて，西側諸国にアピールしていた．

　しかし，現実には東西の間に格段の差があり，それは誰の目にも明らかだっ
た．1984年に東ベルリン行きの観光ツアーに参加した時のこと．西ベルリンを
出発したバスは，ベルリンの壁の東西通過検問所「チェックポイントチャー
リー」で東ドイツのガイドを拾って，東ベルリンを巡っていく．国家公務員の彼
女は，休む間もなく車窓の風景を説明し続けた．目抜き通りのウンターデンリン
デンやベルリンのシンボルの一つである市庁舎など有名な場所では，客は説明を
聞きながら窓越しに写真を撮るという具合だった．

　しばらくして走るバスの中，ガイ
ドのひときわ甲高い声が響いた．「左
をご覧ください．これは政府の五カ
年計画でつくられた最新の住宅で
す．」と説明を始めた．なんだ，普
通の団地じゃないか，と思っている
と，隣に座るドイツ人の男が声を潜
めて，今度左を見ろと言ったら右を
見るといい，と教えてきた．しばら
くしてまたアナウンスがあったので
顔を右に向けると，そこにあったの
は大戦で破壊されたままの廃墟だっ

⑯**廃墟のまま残されていた新博物館**（1984年12月）

た⑯．観光客に見せたくないもの，見てはならないものがそこにあった．戦後40年たっても復興のための資金が足りない．東ベルリンの経済状況は西ベルリンよりもはるかに厳しかったのである．隠していた素顔を見てしまったような気まずさ．後味が悪かったのは言うまでもない．

　もっとも，西ベルリンにも見せたくないものがあった．しかも始末が悪いことに，それは東ベルリンから丸見えだった．西ベルリンの壁に近いクロイツベルク地区．その壁際の道を歩いていると，古い住宅が並んでいる．それもあまり整備がされておらず，黒ずんでいていかにも老朽化している．

　1984年当時，壁際の住宅にはトルコ人が多く暮らしていた．それにはわけがあった．西ドイツでは経済成長による労働者不足が深刻になり，1962年以降，トルコ人を外国人労働者として招き入れる政策がとられた．やがて彼らは西ドイツ各地から西ベルリンを目指すようになった．人口が流出しているベルリンで，多くの収入を得るチャンスが期待されたからである．その際，彼らの住まいとして壁近くに建つ古い住宅が選ばれた．家賃が安かったのが理由だった．何しろ有事の際には，真っ先に東側の銃口が向けられる場所だ．住もうという人は多くなかった．こうして築100年以上の賃貸アパートは，ほとんど手を入れられないまま多くのトルコ人が住むようになった．

　ゼバスティアン通り．当時，この道に沿って壁が続いていて，住宅は壁ぎりぎりに立っていた．どれもかなりの傷みようで，空いている部屋も多く，明らかに魅力がない住宅だった．ところが壁越しに東側を覗いてみると，国境警備関係とおぼしき4階建ての住宅が見える．茶色に塗られた建物はいかにも新しい．これ

⑰ベルリンの壁越しに向き合う東西ベルリンの建物（1984年12月）
左に西ベルリンの建物，右に東ベルリン側の茶色の建物．手前の西ベルリン側の壁に落書きが見える．

⑱壁が撤去されたあとの様子（1993年9月）
西ベルリン側の建物は改修され，東ベルリン側の建物は老朽化が目立つ．

⑲建設中のフンボルトフォーラムとベルリン大聖堂
(2014年12月)

も東ベルリンのアピールだろうか．老朽化した西ベルリンのアパートと見比べると，東側のほうが暮らし向きが良さげに映って見えたものである⑰．

さて，壁がなくなってから同じ場所に行ってみた．1993年．かつてトルコ人が住んでいたアパートは改修中で，新しく壁が塗り替えられ，見栄えのする建物に変わっていた．家賃が上がって，玄関口にあるドアベルの名札も真新しいものになっている．人も入れ替わったのだろう．一方，東ベルリン側にあったアパートは塗装がはがれて空き家のまま放置されていた⑱．見るからに安普請で，住む人もいないようだ．その後，取り壊されたと現地の知人から聞いた．

ドイツの首都になって以来，ベルリンでは1つの都市にするために建築ラッシュが続いており，景観は大きく変貌しつつある．また，歴史的な景観の整備にも力が入れられていて，たとえばかつて王宮があった都心の一等地に，その外観を取り入れたフンボルトフォーラムが建設された⑲．博物館を兼ねた建物だが，一度失われてしまったベルリンらしい景観が復元されている．こうして見るとベルリンで進められている都市整備事業では，この町がたどってきた過去から現在までの歴史を示す景観をそろえることが重視されているようにも思えてくる．

東西ドイツの国境，そしてベルリンの壁．もはや遠い過去の出来事になってしまった．それでも過去の景観が消えずに繋ぎ止められていて，今も現地に行けば，国境があったことを確認することができる⑳．過去の景観から読み取れるのは，まぎれもなくドイツの歴史であり，過去から現在，そして未来へとつなぐヨーロッパの経歴である．ドイツの国境の跡を訪ねる機会があれば，ぜひ現場でドイツとヨーロッパの歴史について考えていただきたい．

⑳保存されているチェックポイントチャーリー跡 (2006年1月)
検問所跡の小屋の先に延びる街路が旧東ベルリン．

国境アラカルト3 ―農道の国境を歩く

　オーストリア南部のシュタイアマルク州は，その南のスロヴェニアと国境で接している．州都グラーツからムーア川の谷を南に向かうと，やがて国境の町シュピールフェルトに着く．その先を行けば，スロヴェニア第二の都市マリボルだが，ここでは西に折れてオーストリア最南端の丘陵地帯を登っていく．

　この一帯はなだらかにうねる丘一面にブドウ畑が広がり，そこに点在する農家の赤い屋根が絵のように見える．「オーストリアのトスカナ地方」とも呼ばれ，人気のスポットだ①．ドライブも楽しいが，のんびりハイキングをしながらブドウ農家を訪ねて秘蔵のワインを試し歩くのも，この地域ならではの過ごし方である．

　しばらく尾根筋からの眺望に浸りながら行くと，路上に白い丸印と右への矢印，そしてSLOと書かれているのに気付く②．しかも道路の先を見ると，そのマークが点々と続いている．一見すると工事現場のマーキングかと思えるのだが，実はこの白丸を結んだ線こそが国境であり，SLOはスロヴェニア．つまり，この線の右側がスロヴェニア，左側がオーストリアであることを示している．

　道路の中央に国境があるとは何とも不思議な感じだが，何より不便だろう．今でこそ両国は自由に行き来できるから何の支障もないが，冷戦時代はこの一帯は原則

①**オーストリア・シュタイアマルク州のブドウ畑**（2011年8月）
左の尾根の一部がスロヴェニアとの国境になる．

②**路上を走るオーストリア・スロヴェニア国境**
（2011年8月）
道路脇の丸印と，その右側に
SLOの表示が見える．

立ち入り禁止で，地元の農家だけが国境を越えて農作業をしていたそうだ．始終，監視の目が光っていたのは言うまでもない．

そもそもこの地域の歴史は，中世に神聖ローマ帝国の東南部に勢力を張ったシュタイアマルク公国にさかのぼる．グラーツを中心にして，その領地は現在のシュタイアマルク州だけでなく，スロヴェニア北部にまで広がっていた．それが第一次世界大戦後，のちにユーゴスラヴィアとなる国との間に国境が引かれ，その一部がこの道路を抜けた．この国境がいかに無造作に引かれたか，ここにある道路上の国境がそれを物語っている．

ここに限らず国境は，たいがい土地の人々の暮らしを無視して引かれる．障壁などない生活が続けられてきたところに，ある日突然国境が引かれ，その先に行けなくなってしまう．とかく国境は土地の人々にとっては厄介なものでしかない．よくある話だ．

それにしても国境が走る道路を見に来る観光客はいないのだろうか．地元と農家に訊けば，こんな美しいところにわざわざ国境を見に来るような人はいないね，とそっけない．やはりヨーロッパでは，国境は日常の一部なのだろう．近くの農家にはブドウ畑の一部を国境の向こう側のスロヴェニア人に貸しているところもあるという話も聞いた．人々の暮らしに，もはや国境は意味をもたなくなっている．

道路に戻って改めて白丸を見つめると，確かにそこに国境があるとは思えない．国境に見えないからおもしろいはずなのだが，そう思うのは国境に不慣れだからか．ここは日本人ならではの観光スポットなのかもしれない．

Travel
5 変わりゆく国境の姿を描く
—ドイツ・チェコ国境—

買い物客で賑わうヨハンゲオルゲンシュタットの国境 (2013年10月)
チェコ側からドイツを望む. 黄色のドイツの標識が見える.

□同居してきたドイツ人とチェコ人

　ドイツ語の言い回しに "Das sind mir böhmische Dörfer" というのがある. 直訳すると「それは私にはボヘミア人の村だ」なのだが, 意味は別にあって, 「さっぱり分からない, ちんぷんかんぷんだ」というときに使われる. ボヘミアはドイツの東隣, チェコの大半を占める地域であり, ボヘミア人とはチェコ人のこと. 彼らが話すチェコ語はドイツ語と同じインド・ヨーロッパ語族だが, 話してもまったく通じない. だからドイツ人にはちんぷんかんぷん, というわけである.

　実はこれに類する言い回しはドイツ語以外にもある. 有名なのが英語の "It's Greek to me". これもちんぷんかんぷんという意味である. イギリス人にとってギリシャ語はさっぱり分からない. 例のギリシャ文字も読みようがない. 言葉が分からなければちんぷんかんぷんなのは当然だろう.

　ただ, ここで気になるのは, なぜボヘミア人なのか. ドイツのまわりにはフランス語やポーランド語など言葉が通じない人々がたくさんいる. いずれも古くから接触してきたはずで, ことさらチェコ語だけが分からない相手ではない. しかもこの言い回しで不思議なのは, チェコ語ではなくボヘミア人の村と言っていること. なぜ言葉でなく村なのだろう. 調べるうちに, ドイツ人とチェコ人の込み

入った関係が見えてきた．ということで，歴史をさかのぼってみよう．

　話の発端は今から千年も前のことになる．8世紀頃，ドイツ人が住んでいたの
は，およそ北ドイツのエルベ川とその支流ザーレ川，そして現在のドイツとチェ
コの国境にあるベーマーヴァルトの山地よりも西側だった．現代の地図で確認で
きるが，おおよそ東西分断時代の鉄のカーテンより西の地域と言ったほうが，見
当がつきやすいかもしれない．

　それが11世紀頃から，ドイツ人たちはその線を越えて東に移住を始めた．当
時，東の地域には現在のチェコ人の祖となるスラヴ系の人々が暮らしていた．し
かし，まだ人口は少なく，未墾の地が広がっていたため，ドイツ人たちは畑を開
いてムギを栽培し，ブタを飼育した．また現在のドイツとチェコの国境にあるエ
ルツ山地ではさまざまな鉱物が採れ，豊富な木材が産出したことから，銀や銅，
錫，木材を加工した道具などの生産が進んだ．そしてそれらを売買する市場が設
けられ，それはやがて都市に発展した．こうしてプラハをはじめブルノやプルゼ
ニといった現代のチェコの都市の多くは，いずれもドイツ人との関わりのなかで
発展の歴史を歩んできた．

　このようなドイツ人による入植開墾事業は東ヨーロッパの広い地域で起こり，
ドイツ人が各地に住むように
なった①．この一連の流れを，
歴史ではドイツ東方植民と呼
ぶ．その後も，ボヘミア地方の
豊かな土地を求めてドイツ系の
貴族たちが進出して，広大な土
地から莫大な利益を獲得してい
た．その名残として，現在の
チェコ国内には実に多くの美し
い城がみられる．たとえば今や
世界遺産として著名なチェコ南
部の町チェスキークルムロフ
は，かつてここを拠点にした
シュヴァルツェンベルク伯爵
（もともと南ドイツ出身の貴
族）の壮大な居城で知られて
いる②．

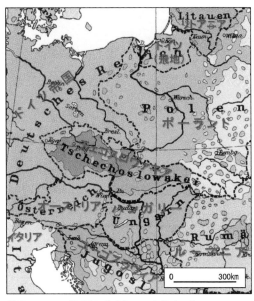

①**東ヨーロッパ各地に分布していたドイツ人** (1920年代)
(出典：Großer Atlas zur Weltgeschichte. Westermann)
水色がドイツ人を示す．

こうしてボヘミア地方ではチェコ人とドイツ人が同居するようになっていった．チェコ人もドイツ人も自分たちの村をつくったので，チェコ語の村とドイツ語の村が混在した．お互い近くにいたから交流はあったはずだが，ドイツ人にはチェコ人の村，つまりボヘミア人の村の話は分からない．恐らく両方の言葉が分かる人がいただろうし，そういう人が間に入って話が通じていたのだろう．なんとも牧歌的な風景が思い浮かぶ．ともあれ，このような農村での状況が長く続き，それがこのドイツ語の言い回しを定着させることになったものと考えられる．

　言い回しにまつわる歴史はおよそこんなところになる．ところが，ドイツ人とチェコ人の関係には続きがある．しかもその内容はかなり重たい．それによって長く続いてきた同居が20世紀になって突然終わりを迎えたからである．次にその経緯をお話ししよう．

②美しいチェスキークルムロフの町並み(2000年8月)　　③プラハのヴァーツラフ広場 (2008年10月)

□ 第二次世界大戦後の決別

　ボヘミアは16世紀以来，オーストリアの支配下に置かれてきたが，19世紀になるとチェコ人の間で次第に民族意識が高まり，支配者であるドイツ人との間に軋轢が生じてきた．そうしたなかで第一次世界大戦後の1918年，チェコ人はスロヴァキア人と手を取り合ってチェコスロヴァキアを成立させる．首都プラハはチェコ人の拠点であり，なかでも町の一角にあるヴァーツラフ広場は，守護聖人ヴァーツラフの像があるチェコ人団結の場として大きな役割を果たしてきた③．

　チェコスロヴァキアの国境は，中世にあったボヘミア王国の版図をなぞるものになった．しかし，すでに述べたように，中世以来，多くのドイツ人が入植して

いたので，独立した当時，チェコスロヴァキア領内にはドイツ人も一緒に住んでいた．チェコスロヴァキアの総人口1361万人（1921年）のうち，ドイツ人は312万人．彼らの居住は国内各地にみられたが，とりわけドイツやオーストリアの国境沿いの地域に集中していた．

新生チェコスロヴァキアは，帝国時代から発達した工業をもとに目覚ましい産業化を遂げた．その勢いは1920年代にチェコ語のロボットという語が広まったことからも想像がつく．しかし，この産業構造はいびつなものだった．この国の産業の中心が，首都プラハの他にドイツとの国境地域，つまりドイツ人が住んでいた地域にもあったからである．

少し前にさかのぼるが，1910年のボヘミア地方における企業の数について，チェコ人が多く住む地域とドイツ人が多く住む地域に分けて比較した資料がある．それによると，綿織物業の企業数はチェコ人地域の399に対してドイツ人地域には819，ガラス工業は38に対して64，陶磁器製造業に至っては4に対して55と，ドイツ人地域が圧倒的に凌駕していた．ガラスも陶磁器も重要な輸出産業である．ドイツ人は数の上では少数だったが，経済は彼らが握っていた．独立したのちも，現地で得られる原材料をもとに伝統産業を育み，ドイツ語圏でのネットワークを活用して製造販売を拡大させるなど，彼らがこの国の経済成長の担い手になっていた．そうした経緯もあってチェコ人はドイツ人を横柄だと感じ，ドイツ人にはチェコ人を見下すような態度をとる者も出てきた．

1930年代に世界的な経済不況のあおりを受けると，双方のいら立ちはさらに深刻なものになっていった．この緊張を打ち破ったのがヒトラーだった．彼はドイツ国境に沿ってドイツ人が住む地域に強い関心を寄せ，これをズデーテン地方として1938年にドイツに併合した．チェコスロヴァキア国内のドイツ人を国民に迎え入れて国民統合を図るとともに，ヨーロッパ有数の産業地域を獲得するのが彼のねらいだった．

ズデーテン地方がドイツに併合されると，この地方のドイツ人はチェコ人の支配から脱してドイツ国民になることを心から喜び，進駐してきたドイツ軍を，もろ手を挙げて歓迎した（実際はナチス式敬礼で片手

④エーガー（現ヘプ）の町を凱旋するヒトラー（1938年10月）
（出典：Bundesarchiev）

だったが）④．また，これを機にドイツは，チェコスロヴァキアを解体して親ナチス政権のスロヴァキアを独立させた一方で，チェコをドイツの保護国にした．チェコ人を下等な人種と定めて，徹底的な弾圧を繰り広げた．なかでも政治犯や反動分子と見なされた人々は，容赦なくプラハ近郊の町テレジーンにつくられた強制収容所に送られ，非道な扱いを受けた．

　チェコ人に対する弾圧がいかに残虐なものだったか．1942年にプラハ近郊の村リディツェで起きた村民虐殺事件は，要点をまとめるだけでも身の毛がよだつ．ことの発端は，保護国の監督官だったナチスの幹部ハイドリヒがチェコ人に対して冷酷極まりない政策を続け，6月4日に暗殺されたことにある．ナチスはすぐさまその報復に乗り出した．暗殺犯をかくまっていると決めつけた村で男性を納屋に集め，6月10日の朝から10人ずつ引き出して射殺．午後までかかって173人を殺害した．また，女性188人を子どもから引き離して北ドイツのラーヴェンスブリュック強制収容所に移送した．彼女らは連日，道路工事などの重労働を強いられ，多くが力尽きて亡くなった．さらに残された子どもたち82人をポーランドのヘウムノにある絶滅収容所に送り，トラックに押し込めて毒ガスで殺害した．ただし，ナチスが理想とする顔つき（金髪で碧眼）の子ども7人は生かしたまま，ドイツ人に作り替えるためにドイツ人家庭に送った．誰もいなくなった村には火が放たれ，ブルドーザーで地ならしして村を地図から抹消するという徹底ぶりだった．

　これに類することは各地で起こっていた．チェコ人の間にドイツ人への憎悪が高まったのは当然だった．

　ドイツの敗戦とともに，チェコスロヴァキアは主権を回復し，国の再建に取りかかった．そのとき，チェコ人とスロヴァキア人による安定した国家づくりを進めるには国内に住むドイツ人は国外に移送すべきとの方針が固められ，まもなく実行された．これによってチェコスロヴァキア国民でありながら約300万（350万とも）ものドイツ人が国外に追放され，国境を越える難民となった．

　数百年にわたって暮らしてきたドイツ人にとって，故郷を追われることは到底受け入れられるものではなかった．しかし，報復を望むチェコ人の感情は燃えたぎり，しばしば激しい暴力が彼らに向けられた．政府が動く以前の1945年7月にチェコ北部の町ウースチーナドラベムでドイツ人市民の虐殺事件が起こり，約2000人が殺害された他，同じ頃に「ブルノ死の行軍」の悲劇が起こった．これは婦女子と老人ら約2万7000人がオーストリアに脱出するために，チェコ東南の町ブルノから国境まで55 km歩くことになり，途中，飢えと病気でその半数以

上が犠牲になったものである．

移送政策では，ドイツ人たちは手に持てる荷物だけの持ち出しが許された．そのため，家財道具はもちろん，自宅や商店，会社や工場，家畜はすべて置き去りになった．そしてこれら残された膨大な財産は，社会主義体制下ですべて国に没収され，国民に再配分された．ベネシュ布告として知られるこの一連の政策は，追放された人々に強い不満をもたらし，のちのちまで禍根を残すことになる．

移送は1947年にほぼ完了し，古くからのチェコ人とドイツ人の同居には終止符が打たれた．ドイツ人が暮らしていた地域は空白地帯になり，そこに他の地域からチェコ人やスロヴァキア人，さらにロマが移り住んだ．こうしてチェコスロヴァキアはチェコ人とスロヴァキア人からなる国家の体裁をとるようになった．望んでいた国づくりが，ようやく現実のものになったわけである．

一方，西ドイツ国内にはチェコから追放された人々の団体がいくつも結成され，財産の返還などを求める運動が続けられた．西ドイツとチェコスロヴァキアとの国交は1973年に正常化したものの，国境を挟んだ国民感情にさしたる歩み寄りはなかった．

転機は1989年，チェコスロヴァキアの民主化とともに訪れた．東西冷戦が終わって鉄のカーテンが消え去ると，チェコスロヴァキア社会は大きく変わった．1993年にはスロヴァキアと分離したチェコ共和国が独立．再統一したドイツとの関係も改善され，1997年にドイツ・チェコ和解宣言までこぎつける．ここで初めて，チェコ国内のドイツ人の財産に対する補償要求はしないことが宣言された．

さらに2004年にチェコがEUに加盟して2007年に国境の自由移動が実現されると，両国間のぎくしゃくした関係もようやく終わったかに見えた．しかし，財産問題はなおくすぶり続け，突如，思いもよらぬかたちでヨーロッパの国際問題に発展する事態になった．2009年にEUの憲法ともいわれるリスボン条約の批准に向けた作業のさなかに起こった事件である．

リスボン条約はEUを1つの国家のようにする目的で，全加盟国による批准が欠かせない．各国の批准が進むなか，チェコによる批准拒否がセンセーションを起こした．理由は，条約に盛り込まれている基本権憲章が加盟国国民の財産権を保障する点にあった．この権利があるとドイツ人が財産の補償を求めてくるのではないか．チェコはその可能性を恐れたのである．チェコが拒否する限り条約は発効できないため，やむをえず例外的に基本権憲章をはずすことでようやく批准にこぎつけた．しかしこの事件は，いまだにチェコにはドイツに対する疑念が残っており，歴史のわだかまりが消えていないことを示すものであり，暗い過去

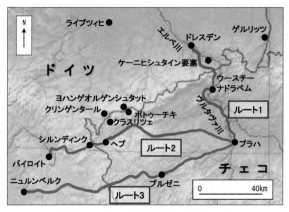

⑤ドイツ・チェコ国境を越える主なルート

が国境を隔てたEU加盟国同士の関係に影を落としているのである．

□ 国境を越えてチェコへ

　前置きがすっかり長くなってしまった．読者の皆さんは，いつになったら国境
の話になるのか心配されているかもしれない．しかし，今のドイツとチェコの国
境で起こっていることは，過去との対比で際立ってくる．その歴史を知ったうえ
で，お待ちかねの国境越えである⑤．実はこの国境にはヨーロッパが東西に分断
されていた時分にドイツ側から近寄ったことがあった．その時の印象が強かった
ので，まずはそこから始めるとしよう．

　冷戦が終わる5年前の1984年．南ドイツの町バイロイトから東に車で向かい，
チェコとの国境の村シルンディンクの近く，国境沿いの森の中を車でまわってい
たときのこと．視界が開けた先に突然，国境の標識が見えてきた．チェコスロ
ヴァキアとの国境だ．そう思って車を止めて標識に近づくと，周辺には国境を示
す白い石が並んでいる．これが鉄のカーテン？　思わず目を疑った．東西ドイツ
のような厳重なフェンスが見当たらず，これなら国境を越えられるではないか．
石を越えてチェコに入ってみようかとためらっていると，標識にある注意書きが
目に入った．「境界の石のラインを越えると国境侵犯になるから注意！」と書か
れている⑥．しかもご丁寧に，国境の先の鉄条網など厳重な警備の様子を描いた
絵まで示されている．やはりここも決して越えられない怖い国境だった．

　実際，鉄のカーテンをくぐり抜ける道は限られていた．道のほとんどが閉鎖さ
れており⑦，国境沿いを行くと，チェコに向かう道にはバーが置かれて行き止ま

⑥ **ドイツ側から見たチェコとの国境**（1984年4月）
斜面のすそに並ぶ白い石が国境を示す.

りだらけ．わざわざ来るような人もいない．国境付近はとても静かで，まるで世間から忘れられたような場所になっていた．

これがこの国境での最初の体験だった．その後まもなく冷戦が終わり，鉄のカーテンも消えて状況は大きく変わった⑧．国境はもう以前のような恐ろしい場所ではなくなったのである．1992年夏，再びドイツからチェコに向かうと，チェコに延びる小道にはバーが置かれたままだ．しかし，もう冷戦は終わっている．つい誘惑に駆られてバーを越えてみた．あたりを見回したが，何かが起こる気配はない．少し安心して振り返ると，草が生い茂った道路からバー越しにドイツ側の風景が見える⑨．その平穏な様子に，なぜか人が生きる世界を覗き込むような不思議な心地がした．まだ冷戦時代の余韻があったのかもしれない．

⑦ **閉鎖されていたドイツ・チェコ国境**（1984年4月）
道路がバーで閉鎖されている.

⑧ **国境の再開を記念
した碑**（1995年9月）

⑨乗り越えてしまったチェコ国境（1992年8月）
国境のバーの向こうにドイツの風景が広がる．右手にドイツの標識，左手に国境注意の立て札（裏側）が見える．

⑩プラハのヴルタヴァ川河畔に建つスメタナ像
（2008年10月）

　それはともかく，国境を越える道路は着実に整備され，特にドイツからチェコに向かう3本の主要道路では両国を行き来する車が大幅に増えた．具体的にはドイツのドレスデンからプラハに向かう〔ルート1〕，ドイツのバイロイトからチェコのヘプを経てプラハに至る〔ルート2〕，ドイツのニュルンベルクからチェコのプルゼニを通ってプラハに至る〔ルート3〕である⑤．

　このうち観光客が好んで利用するのは〔ルート1〕だろう．ドレスデンから30kmほど行ったところに「ザクセンスイス」と呼ばれるエルベ川の美しい渓谷があるからで，国境をなすエルツ山地を穿つ川の流れが生んだ絶景である．さらにチェコに入ると，ボヘミア地方の緩やかな起伏をゆったり流れる川の風景に心が落ち着く．なお，チェコに入ってしばらくすると支流のヴルタヴァ川の流れに沿うようになり，やがてプラハに到着する．もっとも，ヴルタヴァ川よりもドイツ語のモルダウ川のほうが，一般にはなじみ深いかもしれない．19世紀チェコの作曲家スメタナの交響詩『わが祖国』の第2曲「ヴルタヴァ」は，この川の流れにチェコ人の魂を映し出した作品だ⑩．作曲されたのがオーストリア＝ハンガリー帝国時代だったことから「モルダウ」で知られるようになったのだが，今もチェコではこの曲は格別で，「ヴルタヴァ」に込められた故国への思いはチェコ人の間に脈々と生き続けている．

　さて，ここでは〔ルート2〕をたどってみよう．2013年に車で行ったときのことである．バイロイトから東に向かう道はよく整備されていて，高速道路並みのスピードで快適に走れる．そのうち国境の村シルンディンクの表示が見えてきたので，30年前にここに来たことを懐かしく思いつつ，いよいよ国境かと思っていると，見えてきたのはチェコ語の看板．いつの間にかチェコに入っている．国境を越えたことにまったく気付かなかったわけだが，今や検問もなく自由に移動できるのだから無理もない．とは言え，以前は鉄のカーテンで仕切られていた国境がこれほど簡単に越えられること自体，驚きである．

その後，そのまま進むと，まもなく
国境の町ヘプに到着した．人口約3万
人．車を止めて歩きだすと，歴史ある
家並みが目の前に迫ってくる．11世
紀以来，ドイツ語のエーガーの名で栄
えた由緒ある町である．19世紀初頭
にゲーテも好んで滞在したそうだ．軒

⑪チェコ西端の町ヘプの旧市街 (1992年9月)

を並べた古い住宅が並び，市庁舎の塔が立つ景観のアンサンブルが美しい．それ
だけで繁栄の歴史をしのぶことができる⑪．

　しかし，しばらく歩いているうちに，ここがドイツの町とは明らかに違うこと
に気が付いた．どこが違うかと言うと，古くからある旧市街，つまり町の中心に
人がいないのである．この規模のドイツの町なら中心には商店が並び，ショー
ウィンドーが飾られ，人が歩いている．活気を感じるにふさわしい商店街があ
る．ところがここはやけに静かだ．土産物店やカフェなどいくつか店があるもの
の，歴史ある町の中心のはずなのに，活気すら感じられない．かつてここにヒト
ラーを熱狂で迎えたシーンがあったことは，想像もできない．

　考えられる理由は大きく2つある．まず，歴史ある個人商店のほとんどが社会
主義時代に消えてしまったこと．当時，商品の流通が限られ，しかも郊外に大規
模な住宅団地が造成されたために，住民の生活の場は郊外に移ってしまい，従来
からの商店が成り立たなくなってしまった．
これは東ヨーロッパに共通しており，町の
中心が整備されずに古いまま放置されて空
き家が増えることになった．

　これで思い出されるのがモーツァルトを描
いた有名な映画『アマデウス』．18世紀末の
ウィーンが舞台の1984年の作品だ．ただ，
撮影はウィーンではなく，プラハの町なかで
行われた．そこに18世紀を思わせるような
古い風景が残されていたからである．すなわ
ちロケができるほど，町並みはそのままだっ
たのである．つまりは建物を放置した社会主
義のおかげだったわけで，何とも皮肉な話で
ある⑫．

⑫古い町並みがそのまま残るプラハ
(2008年10月)

⑬チェコに進出したドイツ系のスーパーマーケット
(2013年9月)

　話を戻して，町の様子がドイツと違うもう1つの理由．それは，冷戦が終わって社会主義体制下の計画経済から市場経済に移行した1990年代以降，市民の消費を促すために郊外に大型店がつくられたことによる．古くからの市街地は老朽化した建物ばかりで，道路が狭く駐車のスペースも十分にない．そのため町の外にショッピングセンターが進出して賑わう一方で，町は活気を取り戻す機会を失ってしまったのである⑬．

　ちなみに西ヨーロッパの都市では，こうした郊外への大型店の進出は制限されている．理由は，古くからの町の中心が衰退しないようにするためである．町の中心が賑わえば，住民は町の歴史や文化を知って愛着を感じることになる．それが豊かな暮らしにつながるという発想である．歴史ある都市があり続けるための工夫と言えるだろう．ヘプの町は社会主義時代に大きく変わってしまったのだが，これから先どんな町になっていくのか，気になるところである．

□ 国境のバザール

　〔ルート2〕が幹線道路でいささか期待に沿わない国境越えだったので，今度は交通量が少ない国境を越えてみることにしよう．地図を見ると，旧東ドイツ南部のザクセン州の南端，チェコとの国境ぎりぎりのところにヨハンゲオルゲンシュタットという小さな町がある．チェコに通じる道もあるが，人通りは少なそうだ．というわけで同じく2013年，この町を目指して車を走らせた．エルツ山地の山を越えていくと，視界が開けて町並みが見えてきた．遠方に広がるのはチェコの山々．隣の国が見えると，つい気持ちが高ぶってくる．

　この町はかつて亜鉛や銀の鉱山で栄えたが，今はもう採掘は終わり，人口は4000人足らずまで減少した．寂しい町の風景が想像される．ところが行ってみて驚いた．町に入るとやたらに車が多い．国境に近づくにつれて渋滞し，歩道を歩く人も増えてきた．何かイベントでもあるのかと思ったが，注意して見ると大きな買い物袋を持っている人が目立つ．車を止めて国境がある方向に歩いていくと，とにかく大勢の人だ．どう見ても町の人口では考えられない賑わいである．人の流れを追っていくと，どうやら混雑は国境の先にまで続いているようだ．

　彼らの目的地は国境の向こう側，チェコの国内にあった⑭．そこはチェコの町

⑭チェコ側の町ポトゥーチキ (2013年10月)
路上の黒っぽい車の先からチェコ. 歩いているのはドイツからの客ばかりだ.

⑮チェコ側の町
ポトゥーチキ
(2013年10月)
店の看板はほとんど
がドイツ語で書かれ
ている.

　ポトゥーチキ. しかし, 行先は町ではなく国境すぐの道路沿いに並ぶ店である. 大きな建物もあって, 中に入ってみるとバザールのように所狭しく売り場が連なり, 大勢の人々が出入りしている⑮. たいがいは衣料品を売っている. 買いに来ているのは国境を越えてきたドイツ人. ドイツよりはるかに安い. 値札にはユーロとチェコの通貨コロナが示されているが, もちろんユーロのほうが歓迎される.

　しばらくするうちに妙なことに気が付いた. どの店にもアジア系の人々が立っている. 不思議に思って店番をしている女性にどこから来たのか聞くと, 本人はもちろん, ここにいるのは皆ベトナム人だという. 知り合いを頼って来たとか仕事を求めて来たとか, いろいろらしい. この国境は稼げるとニコニコしている.

　実際, チェコに暮らすベトナム人は多く, 6万人を超えている. それには理由があって, そもそも社会主義時代に政府がベトナムから多くの学生や研究者を招いたことに始まる. しかし, 本格的に増えたのは1990年代. 民主化した東ヨーロッパ諸国に仕事を求めて多くのベトナム人が流入した. すでにチェコに住む知人を頼ってくる者がかなりいたようで, これが現在まで続いていて, 就労ビザを得てくる人もいるが, 観光ビザのまま居続ける人もかなり混じっているのだとか. 彼らの多くはバザールの売り子や荷物運びなどで暮らしていると話してくれた.

　しかも東ヨーロッパ諸国がEUに加盟して国境の移動が自由になると, 彼らは稼ぎのよさそうな場所を求めて移動した. その最たる場所がドイツ国境というわ

けで，ここで見かけたベトナム人たちもそういう目的で来たようだ．

　ちなみに，これだけ増えたベトナム人に対して，チェコは2013年にヨーロッパで唯一，彼らを正式な少数民族集団に認定した．なぜそのようなことが実現できたのか．まだ確かめていないが，これまで少数民族集団を調査した経験から言えば，恐らくベトナム人社会のなかに実業家や知識人のようなエリート層の人々がいて，彼らがベトナム人の権利を主張して国に働きかけたのだろう．その結果，ベトナム人たちは国から補助金を得ることに成功し，学校でベトナム語を学べるようになり，ベトナム語によるテレビ・ラジオ番組まで放送されるようになったと思われる．これだけ条件が整ってくると，チェコではこれからもベトナム人はますます増えるに違いない．

　ドイツから国境を越えてチェコに入ったのに，そこにあるのはベトナム人の店ばかり．国境を挟んだドイツ人とチェコ人の歴史は，ここにいる限り見えてこない．この国境の主役は今やベトナム人というのも奇妙な話だが，これもEUの結果と見れば納得できる．EUによる国家間の連携が強まって過去からの対立の構図が弱められた一方で，人の移動の自由化が進んだことによって多くのベトナム人が国境に集まったという構図である．

　それにしてもベトナム人の店目当てにこれほど大勢のドイツ人が国境まで来るものだろうか．たくさん買い込んだ夫婦に聞いてみた．「今日はドイツの祝日でしょ！」そうか，10月3日はドイツ再統一の記念日だった．道理で心が弾んでいるわけだ．理由はもちろん，統一のお祝いよりも祝日でない隣の国での買い物のほうである．行き来する車のナンバープレートを見ると，ほとんどがザクセン州内の町から来ており，近場で買い物といったところか．国境に近いおかげで便利な暮らしができる．ここにあるのは，国境の自由通行というEUの恩恵を国境の両側で分かち合っている光景なのである．

□ 再評価される国境地帯

　最後に国境地域の行方について考えてみよう．ドイツとチェコの国境をなすエルツ山地とベーマーヴァルト．標高1000mほどの山並みである．国境の両側では同じような自然環境で似通った生活文化が営まれてきた．コムギやライムギを栽培し，ビールの産地はドイツ側にもチェコ側にもいくつもある．また，エルツ山地では鉱産資源に恵まれていたので，陶器やガラスなどの生産も共通して続けられてきた．こうして育まれてきた伝統産業は今日まで脈々と生き続けている．

　楽器づくりの伝統もよく知られている．近くで採れた銅や錫，亜鉛などを利用

⑯ **バイオリンづくりを学ぶ学生** (2011年9月)

⑰ **クラスリツェの町役場** (2013年10月)
楽器産業で栄えた時代を示す立派な建物.

した金管楽器やハーモニカ，アコーディオンづくりがメインである．もともと
チェコ側の国境の町クラスリツェが中心地だったのが，今ではドイツ側の国境の
町クリンゲンタールが一大産地になっており，楽器博物館があるほか，国内有数
の楽器製作学校では若者たちが技を磨いている⑯．クラスリツェのほうは大戦後
のドイツ人の国外追放で廃れてしまったものの⑰，ここにも楽器博物館があり，
近年は国境越しに楽器製造の伝統が見直されているようだ．

　このように国境を挟んで同じような産業や文化があることから，国境を越えた
観光も注目されている．たとえば有名な観光ルートに古城街道がある．南西ドイ
ツの町マンハイムを起点にして，ハイデルベルクやニュルンベルク，バンベルク
などの古城を巡りながら，〔ルート2〕で国境を越えて，ヘプやカルロヴィヴァリ
を経てプラハに至る．沿道にはビールの産地も多いし，脇道に入って国境を越え
るドライブやサイクリングも楽しめる⑱．

　ところで観光と言えば，最近チェコ側の地域で新しい変化が見られるのでご紹
介しよう．チェコ国内で国境
沿いに山道を行くと，森が途
切れて明るくなった場所に案
内板のようなものが立ってい
る．近づいてみると，かつて
そこに村があり，それがドイ
ツ人の村だったことが説明さ
れている．当時の暮らしや伝
統文化などがチェコ語ととも
にドイツ語で書かれてある⑲．

⑱ **自然豊かなベーマーヴァルトの山岳地** (2011年8月)

⑲**国境沿いの山中で見つけたドイツ人集落跡の説明板**（2013年10月）
現在のチェコの村チェルナーがかつてドイツ語名シュヴァルツェンバッハだったことが，当時の村の写真とともに示されている．

他にもあるのでは，と思ってその周辺を見てまわると，同じような案内板をいくつも見つけることができた．

このあたりは第二次世界大戦まではドイツ人が住む地域だった．彼らが追放されていなくなったあと，多くの村は廃村になり，建物もすべて片づけられた．彼らが住んでいた証拠はことごとく取り除かれた．それが今，彼らが暮らしていた歴史を記した記念碑が設置されている．どのような理由によるのか確認していないが，以前と状況が変わってきていることは確かだろう．

ヨーロッパでは，古くから異なる文化をもつ人々同士が交じり合って暮らしてきた．しかし，国をまとめるために特定の人々を排除し，国境は人々を区別する場所になった．EUによる統合が進むなか，近年ではそうした過去が望ましいことではなかったという認識が共有されつつある．戦後70年以上が経過した今，世代は確実に交代している．かつてボヘミア人の村をちんぷんかんぷんと言いながらドイツ人とチェコ人が一緒に暮らした時代を，両国は正面から見つめ直し始めているのかもしれない．

ドイツとチェコの国境．今回はドイツからチェコに向かって越えたが，逆にチェコ側から越えると同じ国境でも違って見えるはずである．それは移動する人々の目的や経済の格差の見え方が逆になるだけでなく，国境の向こう側に対する人々のまなざしも違うからである．この国境に限らず，ヨーロッパの国境では別の方角からも越えてみるといい．きっと新しい発見があるだろう．

─北イタリアの言語境界─

北イタリアにある言語の境界 (1991年9月)
ボルツァーノ自治県を出る案内板（左）とトレント自治県
に入る案内板（右）が並ぶ.

provincia di
BOLZANO
Provinz
BOZEN

provincia di
TRENTO

ドイツ

オーストリア

リヒテンシュタイン

アルプス

スイス

ボルツァーノ

イタリア

□ 国境の変更で生まれた地域

　まずはイタリアの地図を見ていただきたい. 長
靴の形をしたこの国の北の部分を取り囲むように
国境が延びており, フランスとスイス, オースト
リア, スロヴェニアと接している. 国境のほとんどはアルプスの山中にあり, 目
を凝らすと, そのかなりの部分が分水嶺に沿っている. つまりアルプスの稜線が
イタリアの国境というわけだ. フランスとの国境にはヨーロッパ最高峰のモンブ
ランがそびえ立ち, スイスとの国境には北壁で有名なマッターホルンがある. イ
タリアの国土は, これら高い山で固く守られていることになる①.

　ヨーロッパの地図を見渡すと, これほど自然の障壁でしっかり仕切られた国は
他になく, それだけでイタリアがいかに安定した国土を持ち続けてきたかが分か
る. と言いたいところだが, この国の成り立ちを振り返ると, 実は今のイタリア
の形ができたのはさほど古いことではない. イタリアはいくつもの国が分立した
時代が長く続いたあと, 1870年にようやく国家の統一が実現されて今の国土に
近づいた. しかし, オーストリアとの国境は第一次世界大戦後の1919年. スロ
ヴェニアとの国境は, なんと第二次世界大戦後の1954年に当時のユーゴスラ
ヴィアとの間で画定されたにすぎない. いずれも大戦によって国境が引き直され

①アルプスにあるイタリアとオーストリアの国境（1984年6月）
当時は検問があり，ティンメルスヨッホ峠（標高2474 m）には国旗や遮断機が見える.

ており，それで今の形になったのである.

　ここではオーストリアとの国境に目を向けてみよう．今の国境が定まる以前，この一帯，詳しく言うと現在のイタリア北部にあるトレンティーノ・アルトアディジェ州は，第一次世界大戦まではオーストリア＝ハンガリー帝国の領土だった．それが現在の国境に変わったのは，大戦でイタリアが連合国側に協力する見返りに，戦後の国境をアルプスの分水嶺に引く密約をイギリスと交わしたからで，連合国が勝利するとイタリアは要求どおり領土を分水嶺まで広げたのである.

　しかし，イタリアになった地域には長くオーストリアの歴史があり，住民の多くはドイツ語を母語にしてきた．すぐにイタリア人を自覚できるはずはなかった．そこでイタリア政府は，彼らに対して徹底したイタリア化政策を断行した．時はファシズムの時代であり，そのやり方は暴力的ですらあった．ドイツ語の地名はイタリア語に変えられ，人の名もイタリア語を強制された．フリードリヒはフェデリーコ，ヨーゼフはジュゼッペになった．公的な場でドイツ語を使ったり，学校でドイツを教えたりすることも禁じられた．また産業化政策の名でこの地域に工場が次々に建てられ，労働者としてシチリアなどイタリア南部から血気盛りの若い男性が大量に送り込まれた．これには地元の女性を相手にイタリア人の子孫を増やす意図が込められていたとも言われている.

　第二次世界大戦後にこの国境が改めて確定されてオーストリアへの復帰の望み

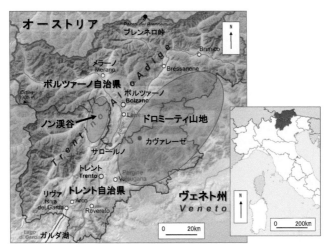

②北イタリアのトレンティーノ・アルトアディジェ州

が絶たれると，ドイツ語系の住民の間には不満が膨れ上がり，テロが頻発．一時は国連の議題にのぼるほど事態は深刻化した．ドロミティ山地にはラディン語を話す少数民族ラディン人もおり，イタリア政府がこれらの地域に大幅な自治を認めたのは1972年のことになる．

　現在，トレンティーノ・アルトアディジェ州は2つの自治県，すなわち北半部のボルツァーノ自治県（中心都市ボルツァーノ）と，南半部のトレント自治県（中心都市トレント）からなる②．そしてボルツァーノ自治県では，ドイツ語を母語にする人々が多く住んでいることから（約7割），イタリア語とともにドイツ語も公用語とされており，公文書から道路案内まであらゆる公的な場における2つの言語での表記や，小学校でのドイツ語学習が義務化されている．

　なお，ボルツァーノ自治県は，ドイツ語では南ティロル自治州と呼ばれる．これは，もともとのティロル地方のうち，北半部を占める現在のオーストリアのティロル州と区別した名称である．

□ イタリア語とドイツ語が使われる町

　イタリアなのにドイツ語が話されている．それだけでイタリアらしくないと思われるかもしれない．日本から出かけるイタリア観光で，この地域がこれまであまり意識されてこなかったのも，そのあたりが理由だろうか．もっとも，最近は旅行客が増えているという．ここにあるドロミーティ山地がお目当てで，苦灰岩

（ドロマイト）でできた美しい岩山が魅力を放っており，登山やスキーが楽しめる新しいイタリア観光地として注目されている③.

③威容を誇るドロミーティ山地 (2006年10月)

さて，ドイツ語が公用語のボルツァーノ自治県だが，そこには個性ある文化をもつ人々が暮らしている．彼らは第1章の（A-3）に挙げたように，ヨーロッパの国境地域を特徴づける少数民族集団に相当するので，何らか地域独特の景観が見られるはずである．

そこでここでは，ボルツァーノ自治県の景観を観察して，国境地域の事情を考えるとしよう．まず向かうのは，自治県の中心都市ボルツァーノ．町の景観を見て歩きながら，地域の特徴を取り上げてみたい．

次に，ボルツァーノ自治県ではドイツ語が話され，その南のトレント自治県ではイタリア語だけが使われていることから，この2つの自治県の境界は言語の境界でもある．言語が違うのに国境ではない．どんな所だろうか．それを確かめるためにボルツァーノ自治県最南端の村サロールノと，境界付近にある農村の景観を見に行くとしよう．いくらか欲張りな旅だが，しばしお付き合い願いたい．

まずは中心都市ボルツァーノである④．人口約10万6000人（2016年）．オーストリア西部の町インスブルックから，国境のブレンネロ峠を越える鉄道で約2時間の場所である．駅を出て町の中心に向かって歩くと，じきにワルター広場に出る．教会の尖塔がそびえ，多くの人々で賑わう様子はオーストリアと似てい

④ボルツァーノの市街地
(EU RegioMap Tirol Südtirol Trentino. Univ. Innsbruck, 2001を一部修正)

⑤ボルツァーノのワルター広場 (2013年9月)

⑥賑わうボルツァーノのアーケード街 (2013年9月)

て，国境を越えてきた気があまりしない⑤．その先には古くからの商店街がある．イタリア語でポルティチ，ドイツ語でラウベと呼ばれるアーケード街で，これもインスブルックにあるのとつくりがそっくりである．買い物や観光の人々で活気に満ちている⑥．かつて18世紀末にイタリアを旅したゲーテも，アルプスを越えてここを通ったそうだ．恐らくこの町並みに違和感はなかっただろう．

　このように旧市街の中心はおしなべてオーストリアの町と共通の景観があり，長らくアルプスの北の地域と同じ歴史をたどってきたことが分かる．ところが，この町にはヨーロッパでも珍しい特徴がある．伝統的なアーケードを抜けて旧市街が終わると，道路はそのままタルヴェラ川に架かる橋を渡って，川向こうの新市街へと続いている．そしてそこに見えてくるのは，これまでとまったく違う市街地．川を境にして様子は一変するのである．

　まず，正面には大理石でつくられた真っ白な戦勝記念碑が待ち構えるように建っている⑦．第一次世界大戦でイタリアがオーストリアに勝利してこの地域を

⑦ボルツァーノ新市街の戦勝記念碑 (2013年9月)

⑧ボルツァーノ新市街 (1992年8月)
ファシズム時代の威圧的な建物が並ぶ．

⑩イタリア語とドイツ語で表記された「フィレンツェ通り」(2006年10月)

⑨ボルツァーノ新市街にある地方裁判所 (2009年9月)

獲得した歴史を，今も誇らしげにアピールするモニュメントである．そしてその背後にはファシズム時代に建てられた巨大な建築物が，こちらも構えるように並んでいる⑧．さらにその先，一直線に伸びる自由大通りから左に折れると，幅広いイタリア大通りが続いている．この通り沿いには新古典主義とイタリア合理主義折衷の地方裁判所と財務局の堂々たる建物が並ぶ⑨．その間にある大きな広場は裁判所広場．戦前はムッソリーニの弟にちなんでアルナルド ムッソリーニ広場と呼ばれ，イタリアナショナリズムのシンボルだったところである．

　実際，新市街はイタリア化政策の拠点として造成され，これらの建物がランドマークになってきた．そうした背景から，今も住民は圧倒的にイタリア語の人々である．そして道路にはローマやヴェネツィア，ダ ヴィンチなどナショナルなイタリアをほうふつさせる名前が付けられている⑩．もちろん，どの地名にもドイツ語が併記されている．しかし，戦勝記念碑に隣接する戦勝広場の名がドイツ語にそのまま翻訳されているのを見ると，ここはやはりイタリアだな，と思う．

　ちなみにボルツァーノ全体を見ると，ドイツ語の人々になじみのある道路名もある．代表的なのは19世紀初頭にナポレオンに抵抗して農民一揆を率いたティロル地方の英雄アンドレアス ホーファーやゲーテの名前が付いた道路である．また，最近はアインシュタインやモーツァルトなどの名前も現れた．しかし，その多くは市街地の縁辺に新しくつくられた小さな道路で，使われることは少ない．大通りにイタリア関連の名前がついているとはずいぶんな違いである．

　このようにこの町にはオーストリアと共通の景観とイタリア的な景観が別々にあって，しかも後者が強いアピールを放っている印象だ．この地域がイタリアになって以来の歴史を振り返ると，その印象はおおよそ当たっている気がする．しかし，言語や文化が違っても，同じ市民でありイタリア国民でもある．いつまでも別々のはずはあるまい．国境と絡む課題として気になるところである．

□ 言語境界の村サロールノ

　ボルツァーノの町の景観を確認したところで，次の目的である言語境界の景観
を見に行こう．これからは農村もまわるので車での移動になる．

　町を出て，南へと流れるアディジェ川の谷を30 kmほどまっすぐに下っていく
と，やがて幅広の谷に迫る山のふもとに目的の村サロールノ（ドイツ語名サルー
ルン）が見えてくる．赤茶色の緩やかな屋根が寄せ合って並んでいて，いくらか
イタリア的な感じがする村である⑪．

　ここはボルツァーノ自治県の最南端，つまりドイツ語が公用語の地域の最南端
であり，これより南はイタリア語だけの世界になる．村にはそれぞれの言語を母
語にする人々が暮らしており，多様な文化が体験できる魅力がある．しかし，何
度か滞在するうちに，事情はそう単純ではないことが分かってきた．

　この村を最初に訪れたのは1984年6月．泊まったのはノルディンハウスとい
う名のユースホステルだった．この村出身の教育者ヨーゼフ ノルディンにちな
んでいる．ノルディンは，この一帯がイタリアになった1920年代に，当時禁止
されたドイツ語の授業をひそかに行い，伝統文化の継承に大きく貢献した．その
功績をたたえて，オーストリア政府などの支援で彼の住居跡を改修して，1977
年にオープンしたのがこの施設である．この経緯からティロルの伝統文化継承の
拠点とされ⑫，初めて泊まった当時，客のほとんどはドイツ語を話していた．

　思い出すのは，ちょうど開かれた村祭り．丸2日間，楽隊が練り歩き，沿道に
並ぶ屋台では地元のワインやハム，チーズが客を引き込み，笑顔があふれてい

⑪アディジェ川の谷に位置する村サロールノ
（1984年6月）

⑫ノルディンハウスの建物（2009年9月）
左の旗が出ているところが入口．

た．興味深かったのは，1日目の晩のダンスがイタリア的で2日目はティロル的
だったこと．演奏される曲も人々のコスチュームもまったく違っていて，初日は
サンバのようなラテンのノリ，2日目は革ズボンやディアンドルと呼ばれるワン
ピースを着る女性が曲に合わせて踊るという具合だったのである⑬．

　ノルディンハウスでホストとして働くアンドレアスが教えてくれた．もともと
ティロル風の祭りだったのが，最近になってイタリア的なダンスが始まった．村
の人々が一緒に楽しんでいるものの，1日目のダンスにはイタリア語を話す人た
ち，2日目にはドイツ語を話す人の参加が多い．村祭りに限らず，この村ではイ
タリア的なものとティロルの伝統が同居している．必ずしもすべてが交じり合っ
ているわけではないが，お互いにうまくやっているという．

　これが今から40年近く前のことである．小さな村に言語が異なる人々が一緒
に暮らしている．異なる文化がそれぞれあり続けているのが珍しく，その後も何
度か村を訪れてはあちこちで話を聞かせてもらった．

　ブドウ農家のマリアもそのひとり．ドイツ語が母語の家庭でありながら⑭，こ
の村では2つの文化が共有されつつあることをしきりに話してくれた．自身はバ
イリンガル．イタリア語が母語の知人に会うとイタリア語を使う．その切り替え
があまりに早くて驚いていると，この村では小さな子どもまでドイツ語とイタリ
ア語を使い分けており，両方とも母語だという人までいるのこと．言語で互いを
区別する意味はない，いくらか誇らしげにそう語ったのが印象的だった．

　いつだったか，この村はイタリアとオーストリアのどちらの国にあるべきか，
彼女に尋ねたことがある．すると，両方の国に愛着を感じており，二者択一の考

⑬**村祭りのティロル風の楽隊**（2011年年6月）
今も伝統的な革ズボンやディアンドルで練り歩く．

⑭**ドイツ語系のマリアと娘さん**
（1990年4月）

え方はよくない，と返してきた．むしろティロル人であることが誇りだという．つまり国よりもティロル地方への愛着のほうが強いらしく，この点では第3章のアルザスと似ている．違う言語を話す人々と同居するとき，国の枠組みは往々にして邪魔になる．同じ村に暮らす者同士を結びつけるのは，国ではなく地域というわけだ．最近はそうした考え方が増えているそうで，ドイツ語とイタリア語の人々が地元意識を共有するところまできたのか，と感じたものである．

ところが，2018年に久しぶりにノルディンハウスを訪ねて旧知のアンドレアスと再会したときのこと．さっそくバルでイタリアのカクテル「ヴェネツィアーノ」を傾けると，あたりを一瞥した彼が，この頃は知らない人が増えた，と声を落として話し出した．人口約3500人．その6割がイタリア語を母語にしている．人口もこの割合も，ここ数十年あまり変わっていない．ただ，最近はイタリア語の人たちは入れ替わりが激しいようで，皆が顔見知りの小さな村でノルディンハウスのホストは誰もが知る「著名人」のはずが，そうでもないらしい．

その理由をまとめると，こうなる．最近のボルツァーノ自治県は観光などの産業の発達がめざましく，国内トップクラスの水準にある．そのため南から仕事を求めて来るイタリア人が増えている．彼らの多くは中心都市ボルツァーノの他に，イタリア語圏に最も近いこの村に住み，ひと稼ぎすると地元に帰る人が少なくない．そのため絶えず住民の出入りが起こっている．

そうした彼らにとっては，この「著名人」どころか地域の歴史すら，さして重要ではないのかもしれない．見知らぬイタリア人が多くなると，元からの住民の考え方とはどうしてもズレが出てくる．マリアが言うように土地に住んできた人々同士で言語の壁がなくなり，意識の共有が進んでいる一方で，新しい人の流れが住民の間に溝をつくる可能性も出てきている．過去と現在をどのように共有するのか．まさに言語の境界にある村ならではの重い課題と言えそうである．

□ 言語の境界で異なる景観

さて，ドイツ語圏最南端の村を出て，さらに南に向かってみよう．この先には自治県の境界，つまり言語の境界がある．アディジェ川の谷を行くと，次第に切り立った山が迫ってくる⑮．アディジェ川はもともとかなりの暴れ川で，頻繁に氾濫を繰り返していた．それが19世紀末に改修されて，今は平野一面がリンゴ畑で埋め尽くされている．アルプスの北と南を結ぶ国道や高速道路，鉄道もここを走っていて，峡谷といっても人の往来は盛んである．

それでもここはオーストリア帝国時代以来，言語の境界として位置づけられて

⑮**サロールノ峡谷**（1990年4月）
南に県境のある峡谷を望む．その先はイタリア語の世界だ．

⑯**トレントのドゥオモ広場**（2007年3月）
左の建物にフレスコ画，右にネプチューンの泉が見える．

きた．そして現在は自治県を分ける境界になっている．県境を示す案内板を通り過ぎるとトレント自治県．ここから先はもうドイツ語の表示はない．

　サロールノから南に30 kmばかり，アディジェ川の流れに沿って下りていくと，やがて中心都市トレントに着く．かつて司教座が置かれ，16世紀半ばのトレント公会議の舞台になった町である．マルティン ルターによる宗教改革の動きに対抗してカトリックのトップがここに集まり，教義を確認し合った．19世紀初め，ナポレオンの支配とともに司教区は世俗化されてオーストリア帝国に組み込まれ，ティロル地方の町としての歴史も歩んでいる．

　しかし，ボルツァーノ自治県でオーストリア的な景観に見慣れたせいか，トレントはもはやイタリアの町である．旧市街の密集した町並みを行くと，やがて

⑰**ガルダ湖と沿岸の町リヴァ**（1988年4月）
左の絶壁は映画『007 慰めの報酬』の冒頭のカーチェイスのロケ現場．水際に見える道路で撮影が行われた．

ドゥオモ広場に出る⑯．堂々たる聖堂と，その前に配置されたネプチューンの泉．そのアンサンブルが美しい．落ち着きとともに厳かさを感じさせるラテン文化の結晶である．広場に面した建物にはヴェネツィアの画家ファゴリーノによるフレスコ画（16世紀）がそのまま残されていて圧倒される．再び家並みを進み，細い路地に入り込むと，小さな店がふいに目の前に現れたり，路地裏を覗くと頭上に洗濯物が並んでいたりと，人々の暮らしが見え隠れ

⑱**トレント自治県の山地集落**（左，1988年4月）
とボルツァーノ自治県の農村（右，1990年4月）
同じ山岳地でも，文化が違うと集落の様子が違う．

する．時折香ばしいオリーブ油とにんにくの匂いが漂ってくる．いつまでも留まっていたくなるような風情である．

　トレントの町を出ると，周辺には美しい渓谷や山岳地が広がり，土柱と呼ばれる奇妙な地形など見どころは多い．しかし，やはりここまで来たらガルダ湖に行かない手はない．トレント自治県の最南端からその南のヴェネト州にまたがる全長50 kmほどの細長い湖．かつてこの一帯を覆っていた氷河によって岩が削られ，それらが谷をせき止めてできた氷河湖である⑰．湖の最北端にある町リヴァは古くから戦略的な拠点として知られ，湖畔には重厚な要塞が建っている．町の中心であるトレノヴェンブレ広場から南に望む水面はまぶしく輝き，さながら地中海を思わせる．まさにここはイタリアの光がきらめく世界だ．

　つい寄り道が長くなった．イタリア情緒ばかりに浸ってはいられない．まだ見ていない境界が残っている．再びトレントに戻って，今度は西に向かってみよう．標高500 m程度の山あいを行くと，山の中腹に軒を寄せて集まった集落が見えてくる⑱．付近の畑を見ると，あまり手が入れられていない様子である．灌木が茂っていて，作物がつくられている気配がない．ボルツァーノ自治県の農村では畑や牧草地がしっかり手入れがされているので，ずいぶん違う印象である．

　このように県の境界を越えると，言語だけでなく景観が違うことに気付く．地形や気候などの自然環境に大きな違いはなさそうなのに，なぜ違うのだろうか．

　実はありがたいことに，その理由を解明した優れた研究書がある．アメリカ合衆国の文化人類学者コールとウルフの"The Hidden Frontier（隠れた境界）"で，その舞台はトレントから北に50 kmほど谷を上がったところ．ボルツァーノから西に約40 kmの峠を越えた先の地域で，イタリア語でヴァル ディ ノン（ノン渓谷），ドイツ語ではノンスベルク（ノン山地）と呼ばれる⑲．その中央を自治県

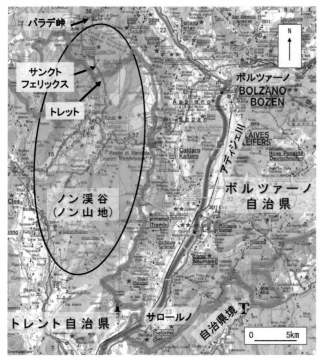

⑲ノン渓谷（ノン山地）
（イタリアTABACCO地形図25000万分の1，2015年版を一部修正）
パラデ峠から尾根をたどって南に向かう道路が県境を越えたあたりから谷筋に変わっている.

の境界が走り，それを隔てて隣り合うトレント自治県側の村トレットとボルツァーノ自治県側の村サンクトフェリックスを比較した研究である．一部ご紹介しよう．

この2つの村を比べると，まず景観が違う．トレットでは家が寄せ合う塊村と呼ばれる形なのに対して，サンクトフェリックスは各農家が散らばった散村になっている ⑳ ㉑ ㉒．現地に行くと，道からは確認しにくいが，確かに家の集まり方が違うのが分かる．また研究によると，サンクトフェリックスに限らず，ボルツァーノ自治県側の村は，トレント自治県側の村

⑳ 言語境界の村トレットとサンクトフェリックス
（イタリアTABACCO地形図25000万分の1，2015年版を一部修正）

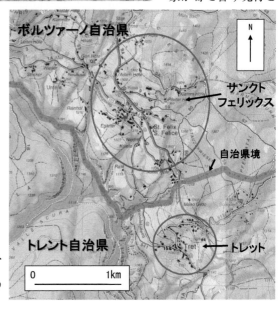

㉑トレント自治県の村トレット (1988年4月)
家が集まった集落が見える. 標高が低く雪がない.

㉒ボルツァーノ自治県の村サンクト
フェリックス (1988年4月)
あちこちに1戸建ての農家が見える.

に比べて標高の高いところに立地する傾向があるという. 人々が営む農業も違っていて, トレント自治県側では, 標高が低い畑でコムギやトウモロコシを栽培しているのに対して, ボルツァーノ自治県側では高いところにある牧場で乳牛を飼育している.

さらに, イタリア語の村では土地は子どもに均等に分ける均分相続がなされていて, 農地の細分化が進んでいる. 農地が小さくなり, だから農村を離れる若者も少なくない. 農業をする人が減って, 農地は放置されてしまう. 翻ってドイツ語の村では, 1人の子にすべてを継がせる一子相続が一般的なので, 農地を分割しないで相続して代々農業を続けている農家が多い. なるほど, 来る途中に見たトレント自治県のひなびた村の様子には相続のしかたが影響していたようだ.

このように, この2つの村と地域の暮らしや文化はことごとく違う. しかも興味深いのは, 村を比較することによって県境を隔てて異なる文化の違いが見えてくる点である. 南側のイタリア語を話す人々は平地の比較的豊かな農地で畑作を営んできたので, 均分相続をして隣近所に分家した結果, 密集した集落になった. 他方, 北側ではドイツ語を話す人々が山岳地に広大な放牧地を開いて牧畜を営み, 農地の分割を防ぎながら農家を建てたので, 散らばって住むことになった. つまり, 言語の違いと生活文化の違いが対応していることになる.

先ほどこの一帯の名称がイタリア語で「谷」, ドイツ語では「山」であると述べたが, これでその理由も察しがついただろう. つまり谷に近い場所で生活するイタリア語の人々と, 標高の高いところで牧畜を営むドイツ語の人々が, 生活文化の違いから, 同じ場所をそれぞれ独自の名前で呼んできたと考えられる.

もっとも, 別の説明もできるかもしれない. 民俗学者の柳田國男の論文に「峠に関する二, 三の考察」があり, 峠には表と裏があるというおもしろい指摘がされている. 簡単に言うと, 峠の道には谷をたどっていく道と, 尾根筋を行く道がある. 谷の道は平野から登っていくのに都合がいい. しばらくは川筋に沿って行

くので傾斜が緩く，最後に急坂を登れば峠に着くからである．これに対して尾根道は峠から下りてくるのに都合がいい．常に目的の場所を見下ろして確認しながら進んで行けるからである．つまり峠は谷を上がって尾根で下りるのが自然であり，柳田はそれぞれを表の道と裏の道と呼んだ．そこで峠越えの道筋を見ると，どちらから峠越えが始まったのか，峠越えの起源が推測できるとする論である．

　この柳田の考察に触れたのは大学に入った頃で，これをもとに地形図で山梨県の峠を片っ端から分類してレポートを書いたことがあった．もうすっかり忘れていたのに，イタリアの地図⑲を見ているうちに，ふとそれを思い出した．ここは峠から南に下る傾斜地であり，そこを南から谷が穿っている．道路は南から谷沿いを県境付近まで上がってくる．一方，北から峠を越えてきた道は県境付近まで尾根近くを通っている．柳田の指摘に従うと，南からイタリア語の人々が谷を上がってきたのに対して，ドイツ語の人々は北から峠を越えて尾根伝いに下りてきたことになる．そうするとイタリア語の人々にとってここが「谷」で，ドイツ語の人々にとっては「山」になるのも合点がいく．本当のことは分からないが，地図を見ながら地名の成り立ちを推理するのは楽しいものである．

　いずれにしても，同じ州なのに言語境界を越えると風景も人も一変する．オーストリアから国境を越えてイタリアに入っても，これほどの違いは感じない．その点ではこちらのほうが国境にふさわしいようにすら思えてくる．まさに「隠れた境界」と言えるだろう．

□ 境界を越えた共生を目指す

　国境ではない境界．そこを今，実に多くの人々が越えている．なかでも注目したいのは観光客．同じ国にありながら，国境になってもおかしくないような地域差を示してくれる境界が走っている．これを好奇心旺盛な観光客が越えないはずはない．

　実際，トレント自治県の人々にとって，ボルツァーノ自治県は異質の文化が楽しめる場所として人気がある㉓．特に山岳地や保養地での観光にはオーストリア帝国時代以来の伝統が生きており，ドロミーティ山地でのハイキングやスキーには，大勢の観光客が南からやってくる㉔．また，帝国時代に屈指の保養地だったメラーノは，澄んだ大気を利用しな

㉓買い物客でにぎわうボルツァーノの旧市街 (2013年9月)

㉔ハイキングが楽しめるドロミーティ山地（1997年7月）

がら健康増進にいそしむ人々で賑わっている．町の中央に建つ堂々たるクアハウスをはじめ，川沿いのプロムナードは木陰が涼しい夏の道と日当たりのいい冬の道があって，年中客足が絶えない．

　逆にボルツァーノ自治県からトレント自治県に向かう人々も多い．イタリア本場のグルメやファッション，革製品やデザインはトレントで手に入る．あるいは，トレント自治県の名産であるチーズ「トレンティーン グラナ」も魅力のひとつ㉕．パルミジャーノ レッジャーノと並ぶイタリアを代表する硬質チーズである．なかでも言語境界に近いトレント自治県の村カヴァレーゼにあるヴァルディフィエメ・チーズ製造組合のチーズは評判が高い．

　ここに牛乳を出荷している農家を，学生たちを連れて訪ねたことがある．エサの牧草はもちろん有機栽培．しかも念入りに仕分けした質の高い草しか与えていないから最高のチーズができて当たり前，と自慢していた㉖．組合では小売りもしており，熟成期間の異なるものが並ぶ知る人ぞ知るスポットになっている．ちなみに丁寧に真空パックしてくれるので，東京でもこの味が楽しめる．

　言語境界の向こう側に向けた興味は高まるばかりである．ティロルの伝統とイタリアの文化．個性ある文化に触れることによって豊かな暮らしが期待されてお

㉕ **名物チーズのトレンティーン グラナ**
(2007年3月)

㉖ **トレンティーン グラナの工場** (2007年3月)
学生たちと一緒につくり方を聞く.

り，今やここはイタリアのなかの異文化接触の場になっている．異なる文化をもつ人々の交流は，今後ますます深まっていくだろう．

　しかしその一方で，ボルツァーノで見た景観，そしてサロールノで聞いたイタリア人の流入の話を思い出していただきたい．言語境界の北側にあるボルツァーノ自治県では，ドイツ語とイタリア語の人々が同じ国民として共存することに，まだいくつも問題があることも事実である．言葉が違う人々は，歴史のとらえ方も違うことが多い．考え方を共有するための地道な努力が必要なのだろう．

　それでも，若者の様子を見るとまんざらでもない気がする．2007年にボルツァーノにある高校（ギムナジウム）「ワルター フォン デア フォーゲルワイデ」で授業参観をした時のこと．この学校はドイツ語をはじめティロルの文化の教育で知られる．そこで歴史を教えるフォン ハルトゥンゲン氏が教室で放った言葉が忘れられない．「この地域ではドイツ語の人々は伝統にこだわり，イタリア語の人々は新しいものを求める．合わせれば地域は豊かになる」．

　残念なことに2013年に不慮の事故で他界されてしまい，そのための教育はどうするのか，続きが聞けなくなってしまった．しかし，再び学校を訪ねると，廊下の壁に彼の言葉がそのまま掲げられている．しばらく見ていると，近くにいた女子生徒が，「大事なことよね．忘れてはいけないと思う」とつぶやいた．そのひと言から，彼の思いが今も受け継がれているように思えたのである．

　ヨーロッパでは，地域を分けているのは国境ばかりではない．文化や人々の意識も地域を分けている．言葉が違う人々が暮らすイタリアの北部．イタリアらしくない景観を見ながら境界について考えてみるのも，ヨーロッパならではの国境の旅になるだろう．

Travel 7 国境に接する町を歩く
―多文化都市ブラティスラヴァ―

スロヴァキア，ハンガリー，オーストリアの三国国境 (2017年10月)
Mはハンガリー，Sはスロヴァキアを示す．

□ 3つの名前をもつ町

　2020年1月に中国の武漢で新型コロナウイルス感染症が大流行して以来，世界はすっかり翻弄されているが，その武漢．日本ではテレビなどで一貫してブカンと呼ばれている．これは漢字を日本語読みしたもので，おおかた違和感なく受け入れられているようだ．しかし，世界的にはこの町はウーハンである．もっとも日本国内でも地理の教科書や地図帳にはウーハンと記されているから，日本ではニュースで聞く地名と学校で習う地名が違うことになる．

　それはさておき，世界を見渡すと，都市などの地名には複数の名称があるところが意外に多い．ヨーロッパの都市に限って言えば，チェコの首都は現地語でプラハだが，英語ではプラーグ．また，イタリアのヴェネツィアは英語でヴェニスといった具合だ．しかも，どちらも世界的には英語読みのほうがよく知られている．ちなみに日本でプラハと呼んでいることに，チェコ人はたいてい驚く．

　このように多くの都市には，現地読みの名前の他に，それとは異なる呼び名がある．学術的には現地語による呼称を内生地名，現地以外の言語による呼称を外来地名という．地名はその場所に住んだり，利用したりする人々が付けるので，基本的には現地読みの内生地名である．その一方で，遠隔地であってもそこに関

心が向けば外部者がその場所を独自の言語で呼ぶので，現地読みとは違う外来地名が付けられたりする．

　こうして見ると，ヨーロッパの多くの都市に複数の名前があるのは合点がいく．ヨーロッパには人の往来によって異なる言語を使う人々がしのぎを削ってきた歴史がある．近代以降，それぞれの国が公用語を制定すると，国境が言語の境界になり，各国の領土内にある場所にはその言語による地名が確定された．しかし，実際には同じ場所にさまざまな言語の人々が関わってきたため，結果的に多くの場所が内生と外来の両方の地名をもつようになっている．

　スロヴァキアの首都にして，国境の町ブラティスラヴァ．スロヴァキア語の地名であり，内生地名になる．その由来を探ると，19世紀スロヴァキアの歴史家パヴェル　シャファーリクが，中世の文献にあったブラスラフを誤ってブラティスラフと読んで，それをボヘミア王ブジェティスラフが創設した町としたことから，のちに愛国者たちの間でブラティスラヴァと呼ぶようになったらしい．こうした来歴をもつ名称がこの町にふさわしいかどうかはともかくとして，1919年のチェコスロヴァキア建国以来，ブラティスラヴァがこの町の正式な名称であり続けている．

　ところが，実はこの町はドイツ語でプレスブルク，ハンガリー語でポジョニーという．いずれも外来地名なのだが，歴史的にはこれらを名乗った期間のほうがブラティスラヴァよりはるかに長いというから話は複雑である．それはこの町が古くからドイツ語やハンガリー語の人々の往来の場となり，かつてオーストリアやハンガリーの支配下に置かれていたことと関係が深い．つまり近隣の国々の歴史と密接に関わってきたことが，この町にいくつもの名前をもたらしたのである．

　どの名前を使ったかは，誰が町の主人公なのかによって異なっていた．その変遷には，国境ももちろん絡んでいる．というわけで，この数奇の運命をたどってきたブラティスラヴァの町に出かけるとしよう．

□ 同居してきた3つの民族

　ブラティスラヴァは，東西に長いスロヴァキアの国土の一番西の端にある．市域が国境に接していて，西隣はオーストリア，南隣はハンガリーになる①．しかも西60 kmほどにオーストリアの首都ウィーン，東200 kmのところにハンガリーの首都ブダペストがある．一方，スロヴァキア東部にある国内第2の都市コシツェとの距離は300 km余り．これだけでこの町がいかに隣国に近いかが分かる．

　では，なぜ一国の首都がこれほど国境ぎりぎりにあるのだろうか．その謎を解

①ブラティスラヴァ市街（オーストリア連邦測量部2.5万分の1地形図，2016年版）

くには，この町と隣国との関係を振り返る必要がある．

　まず深い関わりのある国としてオーストリアが挙げられる．ドナウ川河畔に位置するブラティスラヴァは，13世紀に自治を獲得して都市としての地位を得ると，水運を介して上流のドイツ語圏と結び付き，プレスブルクの名をもつ通商都市として発展してきた．16世紀にオーストリア領になり，特に首都ウィーンとの交易で町は大きくなり，ドナウ川から延びる現在のモストヴァー通りを表玄関にして栄えた．またウィーンの貴族たちがここにいくつもの宮殿を建てて栄華を誇った．この町を見下ろすように建つ巨大なブラティスラヴァ城は，18世紀半ばにオーストリアの女帝マリア テレージアの離宮となり②，モストヴァー通りには女帝の騎馬像が建てられ，まさにヨーロッパに君臨したハプスブルク家のも

②**ブラティスラヴァ遠望**（2010年12月）
左端のブラティスラヴァ城が町を見下ろしている.

③**聖マルティン大聖堂**（2018年8月）

とで繁栄した．それがこの町の基本をつくったと言っていいだろう．

　次にハンガリー．この国の影響も大きかった．というのも，ハンガリーの歴代国王がこの町を拠点にしてきたからである．16世紀にオスマン帝国軍が侵略してくると，ハンガリーは1536年に首都機能をブダペストからこの町に移し，それに合わせて王侯貴族や官僚，商人たちも移り住んできた．そのため歴代の国王の戴冠式も1563年から1830年までここで行われた．式場となった聖マルティン大聖堂は，ひときわ高くそびえる尖塔で今も町並みを睥睨している③．

　実際，注意深く歩いてみると，あちこちにハンガリー由来の景観を見つけることができる．たとえば旧市街から北東に少し行った先のメディカ公園．ここはかつてのハンガリー屈指の貴族エステルハージ家の邸宅跡で，公園には当時の建物がそのまま残されている．コメニウス大学医学部が整備して，町なかとは思えない広々とした美しいバロック様式の庭園は，市民の憩いの場になっている．またそこからドナウ川に向かって歩くと，優雅なハンガリー・ユーゲント様式の教会が目に入ってくる．青の教会とも呼ばれるエリーザベト教会で，ハンガリーが誇

④**エリーザベト教会** (2020年11月, 増根正悟撮影)　⑤**大統領官邸** (2010年12月)

る巨匠レヒネル　エデンによって1913年に建てられている④.

　このようにこの町はハンガリーにとって政治的にも経済的にも重要だったことから，1867年にオーストリア＝ハンガリー帝国が成立した際にハンガリー王国の領内に組み込まれた．町は帝都ウィーンに近く，オーストリアとの境界はこの町の西側ぎりぎりに引かれた．現在のブラティスラヴァのすぐ西がオーストリアなのは，この150年ほど前に引かれたハンガリーの国境が背景になっている．

　この町には，これ以外にも多様な人々が行き交ってきた．その歴史が今の景観に残されているので触れておこう．たとえば大統領官邸⑤．旧市街の北の大きな交差点に面しており，遠くからでもこの優美にして格調ある建物を眺めることができる．もともとはクロアチア系の貴族グラサルコヴィチ家が構えた邸宅で，この町には16世紀以来，オスマン帝国の侵略を逃れたクロアチア人が住むようになり，高い地位に登り詰めた者も少なくなかった．建物はのちに改修され，1993年のスロヴァキア独立と同時に官邸となり，今も衛兵が立ち続けている．

　また，旧市街の西を南北に走る自動車道路に向かうと，その高架下の壁にユダヤ教の会堂であるシナゴーグの絵を見つけることができる⑥．第二次世界大戦までこの町には多くのユダヤ人が住み，いくつものシナゴーグがあった．大戦中に彼らの大半は強制収容所に送られていなくなったが，2本の尖塔を擁する壮大なシナゴーグは戦後も残っていた．しかし残念なことに社会主義時代（1969年），ドナウ川の南北を結ぶ幹線道路を建設するために，シナゴーグは撤去されてしまった．景観を失ったユダヤ人の歴史を保存するために，この絵は11万5000人ものホロコースト犠牲者を追悼する記念碑として，新たに描かれたものである．

　ブラティスラヴァにさまざまな民族が暮らしてき

⑥**シナゴーグの絵** (2014年9月)

たことは，人口統計でも確認できる．1901年のセンサスを見ると，当時ハンガリー王国の地方都市だったブラティスラヴァの人口は6万5867人．うちドイツ人が3万3202人（50.4%）で全体の約半数を占め，ついでハンガリー人2万102人（30.5%）が多かった．一方，スロヴァキア人は1万715人で16.3%にすぎなかった．この他にもクロアチア人やユダヤ人も住んでおり，ここはまさに多民族都市だった．

では，現在のブラティスラヴァはどうだろう．少し古いが2011年のセンサスによると，総人口41万1228人のうちスロヴァキア人が37万3568人で，実に90.8%を占めている．残りはハンガリー人1万4119人（3.4%），チェコ人5445人（1.3%），ドイツ人963人（0.2%）などが少数いるにすぎない．この大きな変化の理由は，国家をもったスロヴァキア人が自分たちの町づくりを進めたことによる．その過程でドイツ人やハンガリー人の大半がこの町を去って行ったのである．

1993年にスロヴァキアが悲願の独立を果たした時，町はスロヴァキアの国旗であふれ，独立のために活動してきた政治家やスロヴァキア語を整えた詩人をたたえる記念碑で祝いの声が上がった⑦．長く隣国の支配を受けてきた人々が勝ち得た独立の喜びは，日本にいてはなかなか分からない．

以来，ブラティスラヴァは着実に発展しているように見える．旧市街は意外に小さく，ドナウ川の北岸に密集する東西わずか1.5 km程度にすぎない．しかし，この一角を中心にして，首都としての体裁づくりが続けられている⑧．2004年のEU加盟，2007年のシェンゲン協定実施，2009年のユーロ導入によって，共

⑦スロヴァキア語をつくったシュトゥールの記念碑（2018年8月）
民族覚醒の指導者．かつてここにはマリア テレージアの像が建っていた．

⑧賑わうブラティスラヴァ目抜き通り（2014年9月）

⑨**コメニウス大学** (2020年11月，増根正悟撮影)

⑩**プリマティア宮殿** (2014年9月)

通市場，国境を越えた自由移動，共通通貨というメリットを手に入れたブラティ
スラヴァでは，これらを生かした企業の誘致や観光客の増加に力を入れている．
学術や文化の発展にも余念がない．ドナウ川近くに歴史ある本館を構えるコメニ
ウス大学は，スロヴァキアの最高学府にとどまらず，多くの国際交流を続けなが
らヨーロッパの知の中心になろうとしている⑨．

　以上，ブラティスラヴァの履歴をたどったが，それでもこの国の首都がなぜ国
土の西の端に位置するのか，疑問の向きもあるだろう．だが，改めて見てほし
い．この町はその長い歴史のなかでオーストリアやハンガリー，そしてさまざま
な民族の拠点になり，ブラティスラヴァ城や数々の宮殿，劇場が立ち並ぶ風格あ
る都市になった．首都にとって望ましい条件は整っていた．もちろん，国境に近
すぎるので首都は国の中央に置くべきとする声がないわけはなかった．しかし何
よりも，スロヴァキアにはこの町に勝る都市が見当たらなかったのである．

　旧市街の真ん中にある中央広場．ここにはかつて大司教が過ごした壮麗なプリ
マティア宮殿が建つ⑩．近くには旧市庁舎が経つ美しい広場もあり，この町の歴
史が感じられる⑪．そしてその一角にプラハの春の犠牲者を悼む小さな記念碑が
ある⑫．チェコスロヴァキアでは共産党による一党独裁体制が続くなか，1968
年に新しい社会主義を標榜する共産党第一書記ドプチェクらが中心となって，ス
ロヴァキアに独立性をもたせる連邦制が計画された．しかし，この「人間の顔を
した社会主義」の動きは体制を揺るがすものと見なされ，ソ連軍が侵攻してきて
改革は抑え込められてしまう．そのあまりに暴力的な展開で多くの市民が犠牲と
なった事件は，「プラハの春」の名で世界の記憶に刻まれることになる．

　改革は頓挫し，チェコスロヴァキアは従来の社会主義路線に後戻りした．しか

⑪ブラティスラヴァ旧市庁舎（2014年9月）　　⑫プラハの春の犠牲者
　　　　　　　　　　　　　　　　　　　　　の記念碑（2014年9月）

し，チェコとスロヴァキアからなる連邦制は実現され，スロヴァキアには大幅な
自治が認められた．その結果，スロヴァキア人の民族意識は高まり，やがて
1993年のスロヴァキア独立へとつながっていく．チェコスロヴァキア解体で犠
牲者が出なかったのは，この連邦制があったからだという．その意味でスロヴァ
キアにとってプラハの春の犠牲者は民主主義の英雄であり，同時に建国の礎と
なった人々でもあった．こうした背景を思い起こしながらこの記念碑を見ると，
これを町の中心に据えることによって，この町が首都としての体裁を一段と固め
ているという事実に気付くのである．

□ 町を取り巻く3本の国境

　さて，改めて現在の国境に目を向けよう．ブラティスラヴァを取り巻く国境．
そのうち町の西側に引かれたオーストリアとの国境は，先に述べたように19世
紀半ばのハンガリー王国にさかのぼる．これに対して，町の南方にあるハンガ
リーとの国境のほうは，事情がいくらか込み入っている．しかもその経緯はあま
り知られていないので，ここで図を頼りに見ていくことにしよう⑬．

　20世紀初頭．第一次世界大戦でオーストリア＝ハンガリー帝国が崩壊して
チェコスロヴァキアが独立すると，ハンガリーとの国境が新たに引かれることに
なった．その国境は基本的にドナウ川が境とされ，川の北側がチェコスロヴァキ
ア領となった．当時，国境は山脈や河川などに基づく自然的国境が望ましいとす
る考え方が支配的だったことから，両国の領土も川で区分けされた．

　ところが，チェコスロヴァキアは，独立に際してブラティスラヴァの南，つま

りドナウ川を越えたペトル
ジャルカ地区も領土として要
求した．その土地の多くがブ
ラティスラヴァ住民の所有で
あり，ブラティスラヴァの一
部として機能しているから，
というのが理由だった．大戦
後の国境を決める際に，当時
は民族自身が政治的な帰属を
決める民族自決の原則が尊重
され，それまで支配を受けて
きたチェコ人やスロヴァキア
人の主張が優先された．結果
としてチェコスロヴァキア
は，ドナウ川を越えてその南
側も領土に取り込むことに成功する．

⑬**ブラティスラヴァ橋頭保と国境**
(Hollósi, G. 2017. A pozsonyi hídfő. Veritasを改編)

　ちなみに，このように川を越えて領土が延びている例を探すと，ライン川を越
えてドイツに食い込んだスイス領（バーゼル東北部など）がある．しかし，その
国境はきわめて古く，スイスが領土を要求した結果ではない．むしろ最も似た例
は，ヨーロッパではなく，かつてのイギリス領ホンコンだろう．当初，1842年
の南京条約で香港島を手に入れたイギリスは，1860年と1898年に大陸側の九竜
半島に領域を延ばしている．そこにはイギリスの大陸への野心が透けて見える．

　このホンコンになぜ似ているかと言うと，野心はともかく，ブラティスラヴァ
の南の領土も，のちにさらに南へと伸びたからである．この部分の領土は歴史的
に「ブラティスラヴァ橋頭保」と呼ばれるのだが，第二次世界大戦後にチェコス
ロヴァキア政府は，ブラティスラヴァの安全を確保するためとして，橋頭保の南
にあるハンガリー領の割譲を求めた．そして1946年のパリ条約でそのうちのか
なりの範囲が認められ，1947年10月にハンガリーの3つの村がブラティスラ
ヴァの市域に取り込められた．その結果，図⑬のルソフセ村のある地域がチェロ
スロヴァキア領になり，国境は10 km以上も南に移動したのである．

　こうしてみると，ブラティスラヴァを取り巻く国境は，西側のオーストリアと
の国境の他に，南のハンガリーとの国境として，第一次世界大戦後の独立の際の
国境と，第二次世界大戦後に引き直された新しい国境の都合3本が引かれたこと

⑭ハンガリー国境の村ライカ (2004年9月)
この先にスロヴァキアとの国境がある.

になる．つまり現在の国境以外に，消えた国境があったというわけだ．

　消えた国境などと聞くと気持ちがざわつくが，その痕跡は恐らく何もないだろう．そう思いながらも，数十年前に国境があったと知ると現地で確かめたくなる．2004年，ハンガリーの西北端，スロヴァキアとの国境の手前にある村ライカをスタートして国境を越えてみた．この村はドイツ語名ラーゲンドルフといい，ハンガリー人以外にドイツ人も住んでいる⑭．ハンガリーによくある，道路に沿って農家が並ぶ街路村と呼ばれる形式の村で，見える看板はどれもハンガリー語で書かれている．そこから畑のなかを一直線に北に向かって進むと，やがてスロヴァキアの国境に着く．何の障壁もなく，国境だけがあるような印象の場所である．

　国境を越えてまもなくして，ルソフセという村に着いた．1947年まではハンガリーの領土で，村の名前はハンガリー語のオロスヴァールだった．村はライカと似た街路村である．ただ，見える看板はスロヴァキア語ばかり．住民もスロヴァキア人だ．ハンガリー領だった時代はハンガリー人とドイツ人が住んでいたというから，まさに人が入れ替わったことになる．さらに北に向かって行くと，まもなくして高層の住宅団地が立ち並ぶペトルジャルカ地区まで来てしまった．思ったより近い．団地があるあたりは第一次世界大戦後からブラティスラヴァの一部だったので，ここに来る途中で消えた国境を越えたことになる．しかし，残念ながらまったく気付かなかった．標識はおろか痕跡すら見当たらない．ただ，考えてみれば現在の国のなかに，かつてあった国境など残しているはずはない．不要になればきれいに片づけられて見えなくなってしまうものなのだ．

　というわけで，消えた国境探しはやめることにして，ペトルジャルカ地区を歩いてみた．ここには社会主義時代に造成された巨大な住宅団地が広がっていて，そのモノトーンなビルの群れには圧倒されるばかりである．その様子はあとで述べよう．とにかくこの一帯は国境の変更の影響を受けているはずだ．何か手がかりになる景観があるのではないか．そう思って探したのだが，残念ながらその片鱗すら見えてこない．

　何の収穫もないまま，団地の間を行くと，やがてペトルジャルカ駅が見えてき

た．さっそく場所を確認しようと，現在の地図と帝国時代の地図を見比べてみると，どちらにも駅が確認できる．もしかしたら鉄道から国境の変化が分かるかもしれない．そこで気を取り直して，今度は駅について調べてみることにした．

□ 歴史が異なる3つの駅

　現在のブラティスラヴァには3つの主要駅がある．中央駅とノヴェーメスト駅，そしてペトルジャルカ駅である．中央駅は旧市街の北端にあって，町の玄関口であり続けてきた⑮．1840年代にウィーンから現在のチェコ東部やポーランド南部に向けて建設されたカイザーフェルディナンド北部鉄道の途中駅ゲンゼーンドルフから東に分岐した路線がこの町まで延ばされ，その終着点として1848年に開業している．その3年後には，中央駅はブダペストとも結ばれた．当時のブラティスラヴァがウィーンとブダペスト，つまりはオーストリアとハンガリーと深く関わっていたことを，鉄道のつながり方からも知ることができる．

　以来，ここは国際列車が発着するこの町最大の国際駅であり続けている．もっとも，その外観はお世辞にもそれにふさわしいとは言いがたい．開業当時ターミナル駅だったのが1881年に通過駅に変えられて以来，駅舎は使われ続けてきたものの，さすがに老朽化したので1988年にガラス張りの現在の建物が増築された．しかし，施設の多くは旧式のままで，ヨーロッパ各国の首都の中央駅に比べるとかなり見劣りする．全面的な建て替えの話を幾度となく耳にしたが，まだ時間がかかるのかもしれない．

　次に，旧市街から少し東に行った先にあるノヴェーメスト駅．これは，主にスロヴァキア国内やポーランドなどと連絡する列車が発着する駅で，乗り降りする人々で終日往来が盛んである．ただし，この駅の歴史は他の2つの駅に比べるとはるかに浅く，開業したのは1962年になる．

　ところが実はノヴェーメストの名の駅が，すでに1840年に別の場所に設置されていたというからややこしい．それは旧市街の東端にあって，ブラティスラヴァ北東約50 kmの古都トルナヴァとを結んだ馬車鉄道の駅だった．トルナヴァはハンガリー

⑮**ブラティスラヴァ中央駅**（2010年12月）

のカトリック教会が置かれ，16世紀にオスマン帝国に支配されたブダペストに代わって，長くハンガリー文化の拠点だった町である．当時，この鉄道は珍しさも手伝って大いに繁盛した．のちに蒸気機関車が発着し，さらに1897年には駅から南に向かってドナウ川を渡り，ペトルジャルカ地区を抜けて現在のハンガリーのヘジェシャロム駅に至る線が開通した．これによってブダペストへの直通列車が走るようになり，この駅はブダペスト方面の玄関口として賑わった．

　そして第一次世界大戦後．ここから「橋頭保」がらみの歴史が始まる．まず，チェコスロヴァキアが独立してブラティスラヴァの南にハンガリーとの国境が引かれると，ブダペストを結ぶ列車の本数は大幅に減り，この路線の価値は下がっていった．一方，ここで3つ目の駅，ペトルジャルカ駅が登場する．この駅はドナウ川の南側，ペトルジャルカ地区にあり，すでに1914年にウィーン市内の市電がこの駅まで乗り入れていたが，さらに大戦後の1920年には，オーストリア東部鉄道（国鉄）の支線が西から延びてきた．橋頭保の先のハンガリーとのつながりは弱くなったが，ウィーンとのつながりはむしろ強まり，ペトルジャルカ駅はウィーンからの旅客駅として発展した．

　しかし，それもつかの間．第二次世界大戦後，オーストリアとの国境に鉄のカーテンが降ろされると，ウィーンと結ぶ路線は廃止されてしまう．また，ブラティスラヴァの橋頭保がさらに南に延びてハンガリーと結ぶ旅客列車がほとんどなくなったため，この駅は発着数の少ないローカル駅へと成り下がっていった．

　一方，チェコスロヴァキアでは国内を結ぶ路線の整備が進められ，1962年には現在のノヴェーメスト駅が新たな玄関口として開設された．その陰で，従来のノヴェーメスト駅はニヴィ駅に改称されたのち，発着本数が減ってついに1983年に廃止されてしまう．ハンガリーへの玄関口としての歴史をもつノヴェーメスト駅は，ハンガリーとの国際関係に翻弄され，ついに命運が尽きたと言える．ちなみに当時の駅舎は今も残されており，市内有数の文化財になっている⑯．

　なお，その間に橋頭保の付け根に位置するペトルジャルカ地区の様子が激変したので，ここで触れておこう．もともとブラティスラヴァの郊

⑯旧ノヴェーメスト駅 (2020年11月，増根正悟撮影)

⑰**ペトルジャルカ地区の住宅団地**
(2020年11月，増根正悟撮影)

外で市民農園が広がってい
たこの地区には，1970年
代に大規模な開発によって
巨大な住宅団地が造成され
た．パネラークと呼ばれる
プレハブ式の均質な高層ア
パート群で，社会主義国が
誇る壮大な景観が付近を圧
倒していた．

⑱**ドナウ川に架かるSNP橋** (2018年8月)
対岸にペトルジャルカ地区の住宅団地が見える．

　今もここには11万人以上が暮らしており，ブラティスラヴァの代表的な住宅地
になっている⑰．ヨーロッパ随一とも言われるこの巨大な団地の壮観を展望した
い向きには，ドナウ川に架かるSNP橋の塔の屋上がお勧めだ．高さ84.6mの
UFOの愛称をもつ斬新なデザインの橋は，典型的な社会主義時代の遺産と言えよ
う⑱．ここからはブラティスラヴァ城とともにブラティスラヴァの旧市街も一望
できるので，観光にはもってこいだ．ただし，真冬は避けたほうが賢明である．
よく晴れ渡ったある日，決して安くないチケットを手に絶景を期待して登ったも

⑲**新装のペトルジャルカ駅**（2014年9月）　⑳**ウィーン行き列車**（2014年9月）
オーストリア連邦鉄道の車両が乗り入れている.

ので，吹きさらしの屋上は猛烈な寒さで風景どころではなかったからである.

　鉄道に戻ろう．1989年にチェコスロヴァキアの民主化が起こり，鉄のカーテンがなくなるとペトルジャルカ駅は息を吹き返すことになる．1990年にさっそくオーストリアとの路線を再建する工事が始められて1998年に開通し，2001年にはペトルジャルカ駅も全面的に改修された⑲．ウィーンとの間を日中は毎時1往復の列車が発着し⑳，ハンガリーのヘジェシャロムとの間にも数本の列車が走り始めた．つまり，この駅はオーストリアとハンガリーからの国境を越えた列車の発着駅となった．その間に国境越えが自由化しており，鉄道に限れば，国境がなかった帝国時代に戻った感すらある．

　このように，帝国時代以来の歴史ある中央駅，ブダペストと結び付いていた旧ノヴェーメスト駅，ウィーンへの玄関口として刷新されたペトルジャルカ駅をつなぎ合わせると，この町を取り巻いてきた国境の変遷が見えてくる．国境に翻弄された鉄道の浮き沈みの経緯を，駅が映し出してきたというわけである．

□ 三国国境を訪ねる

　ペトルジャルカ駅から西に向かって歩いてみた．10分ほどで市街地が終わり，農地が広がっている．遠方に見えているのはオーストリアの畑だ．まさに国境が町のすぐそばにある．しかし，ここはEU内の国境なので柵も壁もなく，自由に行き来できる．まるで国境にいる気がしない．冷戦時代には東西ヨーロッパの分断の現場であり，厳重な警戒がなされていたはずだが，今は想像すらできない．

　いくらか期待をそがれた気分で国境に沿って行くと，あちこちに古びたコンクリート造りの建物が見え隠れしているのに気が付いた．近づいてみると，軍事用のバンカーで，その傷み具合からかなりの年数が経っているように見える．地図に探してみると，同じようなバンカーが国境に沿っていくつも並んでいる．

　その1つ，BS-8と呼ばれるバンカーに行ってみた㉑．第一次世界大戦の戦死

㉑遺跡として残されているバンカー (2020年11月，増根正悟撮影)

者の墓地も隣接している．脇に立っている説明板には，1930年代，ドイツの侵略に備えてチェコスロヴァキアが国境沿いに設置した防衛施設の跡とある．まぎれもなくここは，独立したばかりの小国が大国に立ち向かった場所だった．国境の向こうの敵から自国を守る施設．国民なら忘れてはならない景観である．

　国境に漂ううきな臭さにいくぶん触れた気がしたので，改めて国境を確かめたくなり，今度はスロヴァキアとハンガリー，オーストリアの国境が集まる三国国境を目指すことにした．ヨーロッパにはこのように3つの国の国境が集まった場所があちこちにある．有名なのはドイツとフランス，スイスの三国国境．これが位置するスイスのバーゼルは，国境の町として知られている．ここも歴史的に特別な場所だったはずで，今はどうなっているのか，期待が高まってくる．

　ここの三国国境は，地図で見るとペトルジャルカ駅から南に直線で10 km余．広い畑のど真ん中にある．鉄道もバスもない．しかたなく車で向かうことにした．ブラティスラヴァの市街地を抜けてまっすぐ進んでいくと畑が広がり，やがて舗装が途切れ，道が悪くなってくる．対向車とすれ違う．こんな悪路をわざわざ行くのは三国国境目当ての観光客くらいだろう．満足できる場所だったのだろうか，すれ違いざまに顔つきを探ったが，暗くてよく見えない．やがて「三国国境」の案内板が現れた．この先は道が悪くて歩くしかなさそうだ．ほかに道案内はなく，車を止めて畑の道を歩いていくと，何やら構築物が見えてきた．

　何ともつかみどころのない場所だった㉒．国境を示す構築物と，歴史を解説した説明パネル．それぞれの国の簡単な観光ガイド．周囲にはモニュメントのような石がいくつか配置されている（p.95）．あとはどの方角を向いても見えるのは畑ばかり．空がやたらに広い．三国国境に立つ感動は残念ながらなかった．説明がなければ，ここに国境が集まっているとは到底思えない．

　所在なく誰もいない構築物のまわりを何度かまわりながら，国境では何が期待されるのか，改めて考えてみた．たとえば鉄のカーテンの跡を訪ねて，そこで思い浮かぶシーンや事件と関連した景観（監視塔とか犠牲者の追悼碑など）があると，厳しく監視されていた当時の国境が実感できて，期待通りということになるのではないか．つまり言い方を変えると，その国境らしさを現場で確認できると

満足度が高まるように思え
てくる．ヨーロッパ各地に
ある国境博物館が人気なの
も，恐らく展示物を通じて
国境の追体験ができるから
だろう．そう考えると，こ
の三国国境も関連する景観
があれば違っていたかもし
れない．

㉒殺風景な三国国境付近 (2017年10月)

　帰りはウィーンに向かうことにした．畑のなかの一本道をしばらく行くと，国
境警備官らしい2人が手を挙げて待ち構えている．何だろうと思って車を止める
と，パスポートをよこすよう言ってきた．オーストリアの国境で特別警戒中との
こと．検問所でもないので，本物の警備官なのか見分けがつかない．なんとなく
真面目そうな顔つきなので，それを信じて恐る恐るパスポートを渡すと，近年増
えている東からの不法入国者の取り締まりが目的で，一般道路を避けて抜け道を
探す人が増えているのでチェックしているのだそうだ．ふと，来る途中にすれ
違った車を思い出した．もしかすると観光客ではなかったのかもしれない．にわ
かに現実に引き戻され，広々とした三国国境に見えない壁が立ちはだかっている
ように思えてきた．

　それにしても誰もいない畑道で休むための小屋すらなく，ひたすら不法入国者
を待ち続けている警備官たち．自由通行が実現されているEUの国境で，たまに
しか来ない通行をチェックする仕事は，さぞや気が重いことだろう．

　国境すれすれの町ブラティスラヴァを訪れたのは，町の特徴を国境との関わり
で考えてみたかったからだった．国境は国を守るために引かれたものであり，こ
の町は国境に翻弄されながらもしたたかに生き抜いてきた．過去の記憶を残しつ
つ，自由通行によって国境に縛られない時代が到来した今，この国境の町は新し
い可能性を求めて躍動しているように見える．

　しかしその一方で，自由通行のEUに人が押し寄せており，急遽，不法入国を
取り締まる検問が始められた．こういう変更を見ると，国境とは不安定なものだ
とつくづく思う．自由なEUの国境に慣れてしまうと，検問が復活して国を隔て
る国境の裏の顔がふいに現れて驚かされる．そして，自由に国境の景観を見てま
われるEUの国境がいかに特別なのか，改めて実感するのである．

国境アラカルト4 ―ヨーロッパにある植民地を訪ねる

　スペイン最南端にイギリスの植民地ジブラルタルがある．ヨーロッパに植民地などあるのか，と驚かれるかもしれないが，国連では「植民地と人民に独立を付与する宣言」が適用される地域と位置づけられており，ヨーロッパで唯一の植民地とされている．

　ジブラルタルは，スペイン継承戦争後の1713年，ユトレヒト条約でイギリスがスペインから獲得して以来の歴史をもつ．その間，スペインは何度も返還を要求し，国際問題となった時期もあったが，最近までEUの加盟国同士だったので共同主権を求める程度にとどめていた．国境はイギリス本国と同様，簡単なパスポートチェックで通行でき，自由な物流が実現されてきた．2020年にイギリスがEUを離脱するとジブラルタルの地位に関する議論が一時再燃したが，ジブラルタルの住民のほとんどがEU残留を望んだこともあって，スペインとの国境の状況は特に変わっていない．

　2005年夏にジブラルタルを訪れる機会があった．モロッコの港町タンジール（city港）から海峡を渡ってスペインの港町アルヘシラスに上陸し，陸路でジブラルタルに入るルートである．3時間半の船旅でアフリカからヨーロッパに近づくと，ジブラルタルの大きな山が見えてくる①．東側が絶壁で西に傾いた巨大な岩山が地中海の入口にそびえており，イギリスが植民地にした理由がよくわかる．

　ジブラルタルはアルヘシラス湾の東側，南に延びる半島のような場所を占める．面積6.5 km²は羽田空港の半分足らず．人口3万人余りの小さな地域である．バスで難なく国境を越えると，いきなり滑走路を横断する．狭いジブラルタルでは，道路が滑走路を横切って

①ジブラルタルの岩山 (2003年8月)

②ジブラルタル港 (2003年8月)
対岸にはスペインの町アルヘシラスの市街地が見える.

いる．市街地ではどこも英語があふれ，車は左側通行．はためいているのはユニオンジャックである．山の西側に広がる市街地を少し登れば，眼下に大きな港が構えており，商船に交じって軍艦も見える②．ここは明らかにイギリスにとって重要な拠点なのである．

その一方で，町にはカトリック教会が立っており，何よりも紺碧の海と光り輝く太陽．地中海世界にいることを改めて実感する．ジブラルタルはイギリスと地中海世界がまぜこぜになった一種独特の土地柄である．イギリスになって300年．ここがスペインとは様子が違うのは当然だろう．

1泊して再びバスで国境を越えてスペイン側に戻ると，1軒のバルがあった．早速エスプレッソを注文して一息つくと，何となくヨーロッパに戻ってきた気がしてきた．強い日差しとしっくりくるスペインならではの風情にほっとした感じだ．国境を越えただけなのに，このギャップは何だろう．ジブラルタルで地中海らしからぬ雰囲気に触れてきたせいかもしれない．

そもそも植民地というところは，土地の風土と支配者の文化がちぐはぐなものである．その点では，ジブラルタルもれっきとした植民地と言えそうだ．イギリスがEUを離脱したあとも，ここは植民地であり続けるのだろうか．スペインもEUも，その行方をじっとうかがっているに違いない．

Travel
8　国境に消えた人々を追う
―アウシュヴィッツ鉄道紀行―

強制収容所へと国境を越えてきた貨車 (2014年9月)
監視室が設けられた特殊な車両. 見学者が絶えない.

□ウィーンから夜行列車に乗る

　2003年9月. 列車がウィーン東駅を出発したのは定刻の21時50分. サマータイムのおかげで, あたりはまだ日中の余韻があって, 空には明るさが残っている. それでも窓の外の町並みはすでに黒みがかっていて, それが後ろへと流れ去ると, 少し前までウィーンにいたのがもう昔のことのように思えてくるから不思議である.

　ウィーン東駅は, 当時は主にハンガリーやチェコ, ポーランドなど東ヨーロッパと結ぶターミナル駅だった. かつてオーストリア帝国時代の1846年に開業した由緒ある駅で知られたが, 第二次世界大戦で激しい空襲に遭って崩壊. 戦後, 隣接するウィーン南駅とともに再建されたものの, 何とも無骨な建物になってしまった①. それでも東ヨーロッパから到着する列車が古びた年代物ばかりだったからか, 構内の薄暗さも手伝って, 駅には時間の重みが感じられたものである.

　しかしこの駅は, 今はもうない. ウィーン中央駅を新設するために, 南駅とともに撤去されてしまったからである. ターミナル駅では, 入ってきた列車が出ていくために機関車の付け替えが必要で, 手間と時間がかかっていた. しかし, 高速道路が次々に建設され, LCCが飛び交う現代のヨーロッパで, 鉄道もドイツ

①かつてあったウィーン南駅 (1997年5月)

のICEのような高速鉄道が主役の時代である．駅は通過型のほうが便利なことから，東駅と南駅は廃止され，代わって2014年にウィーン中央駅が開業した．この新しい駅は連日ビジネスマンや観光客で活気にあふれており，名実ともにウィーンの表玄関になっている．いずれは，かつてそこにターミナル駅があったことも忘れられてしまうのかもしれない．

さて，乗っているのはポーランド南部の町クラクフに向かう夜行列車．ドイツ語でD-Zugと呼ばれる急行列車で，到着予定時刻は明朝5時37分．8時間もの長旅である．ウィーンからクラクフまでおよそ440 km．オーストリアからチェコを通ってポーランドまで二度国境を越えるルートになる．もっとも，これは東京から新幹線で滋賀県の米原あたりまでの距離にすぎない．昼前にウィーンを発って，チェコの町ブジェツラフでクラクフ行きの列車に乗り換えれば，夕方にはクラクフに着ける道のりである．

それをわざわざ夜行列車で行く気になったのは，ウィーンの町を歩いたからである．しかもあえて寝台車ではなく，普通の座席で行くことにしたのである．

□ 国際観光地ウィーンの光と影

ウィーンは言わずと知れた世界有数の国際観光地である．もはやその魅力は語るに及ばない．世界各地からの観光客を引き付けてやまないのが今のウィーンである．特に最近の観光客の伸びには驚くべきものがある．ウィーン市内の宿泊客数の推移を見ると，1990年代は約700万人前後だったのが，その後急激に増加して，2008年に1000万人を超え，2018年にはなんと約1650万人に達している．冷戦後に増加した東ヨーロッパやロシアからの観光客，さらに最近は中国や中東からのツアー客も大挙して押し寄せている．もはやウィーンの町は観光客であふれ返っていると言っていい．

なかでもウィーン市内の観光スポットはどこも大変な賑わいである．かつてヨーロッパに君臨したハプスブルク帝国の遺産が町のあちこちに今もあり続けている．意図して残している，と言えばいかにも観光客向けにつくられた感があるが，積極的に歴史的な景観を保護して住みよいまちづくりをしており，おかげで観光客はこの町のどこを歩いても観光気分が堪能できる．

実際，ウィーンは輝かしい歴史と文化，芸術に満ちている．豪華絢爛たる王宮や宮殿などの建物，歴史ある教会や瀟洒な劇場，レストランやカフェなど，まるでかつての華やかな王侯貴族の暮らしが今もあるかのごとく，往時と同じ享楽の世界に観光客をいざなう．ウィーンは栄華を極めた特権階級の人々の暮らしを追体験できる，世界でも稀な都市と言える．

　このように観光客に注目されるウィーンだが，しかしその一方で，この町には暗い影の歴史があることも見逃してはならない．特にその主人公となったユダヤ人にまつわる話題は思いのほか多い．今でこそ彼らの数はウィーン全体で1万人足らずとされるが，かつてこの町には巨大なユダヤ社会があった．1934年には17万6000人を数え，総人口の約9％を占めていた．その大半が消えてしまったのは，言うまでもなくナチスドイツの仕業である．

　ウィーンを歩くと，彼らがたどった悲劇を物語る場所がいくつも見つかる．なかでも象徴的なのがロッサウ墓地である．ここには16世紀にさかのぼる市内最古の墓石があり，ウィーンのユダヤ人の長い歴史を語る記憶の場所になる．行ってみると，これがちょっとややこしい．旧市街の北1kmほどにあるゼー小路．新しめの老人ホームの大きな建物があり，墓地に行きたいと伝えると裏のドアを案内してくれる．出ると，がらんとした空き地があり，そこに墓石がぽつぽつと置かれている．これがウィーンで彼らの歴史を示す最古の墓地の姿である②．

　オーストリアがドイツと合邦してナチス支配下に入った1938年．ここは彼らの長い歴史を示す場所という理由から目をつけられ，ほとんどの墓石が掘り返され，ユダヤ社会の歴史は見えないものになってしまった．戦後長らく放置されて

②整備が始まったロッサウ墓地（2011年12月）

③破壊の跡が残るユダヤ人墓地（2008年3月）

いたのが，1980年代初めにたまたま工事現場から280基もの墓石が見つかり，墓地の再建が始まった．以来，ユダヤ人団体やウィーン市が作業を進めている．しかし，徹底的に荒らされてしまった墓を元通りにするのは至難の業だろう．

　市街地の南東にあるユダヤ人墓地でも同じようなことが起こった．この墓地の隣にある広大な中央墓地は，ベートーヴェンなど著名な作曲家たちが埋葬されている観光スポットで，訪問客が絶えない．しかし，ユダヤ人墓地にはかつて栄華を極めた人々の立派な墓所が残されているものの，人影はほとんどない．彼らの子孫がもうウィーンにはいないからである．しかも大戦中の空襲や破壊活動の跡が今も残されていて，廃墟のような墓地は不気味でしかない③．1990年代になってウィーン市による整備が始まり，墓石を並べるなどの手が加えられているが，献花する人もなく寂しい限りである．

④記憶の石（2008年10月）
4名のユダヤ人の運命が記されている．たとえば左下：ベルタ ラパポート，1864年12月28日生，1942年テレジン収容所へ強制移送．1942年11月30日死亡．

　また，暴力的な行為によって恐怖のどん底に落とされたユダヤ人の姿が想像できる場所もある．ドナウ川北岸のレオポルトシュタット地区にあったゲットー跡．歩くと，あちこちに住宅の玄関先に埋め込まれた「記憶の石」と呼ばれる真ちゅう製のパネルに気付く④．そこには個人の名前と生年月日，職業や収容所名，死亡年月日などが記されている．かつてここに住んでいた人々が強制収容所に連行された記録である．目についたパネルには，ここに住んでいた老夫婦と若い孫娘が収容所で殺害された事実が書かれていた．今は何の変哲もない住宅地．しかし，かつてここには大勢のユダヤ人が暮らし，目の前にある玄関から収容所に無理やり連れて行かれた．想像する光景と現場が一致したとき，あたかも当時その場に居合わせたような気持ちになり，思わず身体が固まってくる．

　ちなみに，収容所の経験を精神科医の視点で描いた名著『夜と霧』の著者，ヴィクトール フランクルの生家もこの地区にある．フランクルが残した身の回り品や，彼が体験した収容所での暮らしを深く紹介するヴィクトールフランクル博物館が2015年に開館している．

　そして最後に挙げたいのが，強制移送犠牲者のための記念広場．美しいヴェル

ヴェデーレの宮殿の北を走るレンヴェーク通りをまっすぐ東南方面に行ったところになる．ここにはかつてユダヤ人4万7035人を貨物列車に乗せたアスパンク駅があった．駅は1971年に閉鎖．建物も取り壊され，広い空き地になっていたのが，1995年に広場がつくられ，2017年には白い2本のレールを模した記念碑が設置された．碑には彼らがここで貨物列車に詰め込まれ，闇のなかを行く先も知らされないまま，狭い貨車で移動させられた記憶が込められている．どんな思いで旅立ったのだろうか．記念碑を見つめていても想像すらできない．

　今，夜行列車で向かっているのは，クラクフを経由した先の町オシフィエンチム．以前にドイツ語でアウシュヴィッツと呼ばれた町である．そこまで行くのにわざわざ夜行列車を選んだのは，かつて不安と恐怖ともに移送された人々をもっと想像してみたくなったからで，エアコンのある車内と当時の貨物列車では比べようもないが，寝台車でなく座席に座りながら行けば，何か感じるものがあるのではないか．そんな期待から列車に乗り込んだのである．

□ 鉄道で国境を越える

　列車はウィーンを出てドナウ川を渡り，一気にチェコ国境まで北上する．間もなく車窓はすっかり闇に変わった．一帯はオーストリア東部の平坦地が広がり，ジャガイモや野菜の栽培が盛んな国内有数の穀倉地帯だが，それももう目では確かめられない⑤ ⑥．

　22時34分，国境手前のオーストリアの駅ホーエナウに到着すると，オーストリアとチェコの国境警備官が車内に乗り込んできた．2003年当時，チェコはまだEUに加盟してなかったので，検問がしっかり行われていた．国境を越えて23時14分にチェコのブジェツラフ駅に停車すると，走行中に検問を終えた両国の警備官たちは降りていった．ブジェツラフは第二次世界大戦まではルンデンブルクと呼ばれ，帝国時代にはリヒテンシュタイン家の所領として発展した．近くにある美しい庭園は世界遺産として有名で，かつて貴族たちの贅を尽くした暮らしがあったのだが，窓の外は一面の闇が広がって

⑤ウィーンなどの都市からクラクフへの鉄道のルート

⑥東ヨーロッパのたそがれを行く列車（2003年9月）

いて，その雰囲気すらわからない．

　ここからスロヴァキアとの国境に沿ってさらに北上して，チェコ北部の町オストラヴァに向かう．ロングレール化されていない線路は昔ながらの繋ぎ目だらけ．列車はガタンゴトンと重いジョイント音を響かせながら進んでいく．かつてはどこにでもあった列車特有の音だが，最近は日本国内ではなかなか聞けなくなった．それでも車両によって違う音を聞き分けるマニアがいるほどなのだが，今乗る列車は足元に伝わってくる奇妙な振動のせいだろうか．どうにも愉快な気分になれない．

　そうこうするうちに日付が変わり，オストラヴァ駅に着いたのが2時ちょうど．ここはチェコきっての工業都市である．レールのポイント（分岐器）をいくつも過ぎる．工場への引き込み線か，貨物列車の留置線か．明るければ，何本もの線路が見えるのだろう．相変わらずジョイント音を聞きながら揺さぶられているうちに眠くなってきた．

　と，突然，激しいドアの音で目が覚めた．暗くした6人掛けのコンパートメントを懐中電灯が照らし，まぶしい光の先にいかつい男が立っている．チェコ語で何やら言っていて，相席の客がパスポートを見せている．そうか，ここはチェコとポーランドの国境．真夜中だというのに容赦なくチェコの国境警備官がやってきたのだ．イライラ気味にパスポートを差し出すと，無言でスタンプが押された．

　大きな音を立ててドアを閉めていったので，やれやれと思って他の客たちに目をやると，一様に寝込みを襲われたらしく，いまいましい顔つきである．窓の外を見るとペトロヴィチェと書かれたチェコの駅で，時計は3時ちょうど．再び列車が動き出し，いよいよポーランド．また検問が来るのだろうか，と思いながら眠気に勝てずにいると，案の定，勢いよく開けるドアの音で目が覚めた．外はゼブズィドヴィツェ．ポーランドの駅になっている．国が違えば警備官の態度もいくらか違うかと期待したが，すべて同じで乱暴に出て行ったのまでそっくりだ．

　国境のおかげですっかり意気消沈してしまった．何よりも高圧的な態度で言われるままだったのが応えた．警備官の前でまったく意思表示ができなかったからである．ちなみに両国とも2004年にEUに加盟して，2007年には国境の移動の自由化が実現されている．もうこんな思いをすることはないだろう．

　そんな無力感に沈みながら，かつて貨物列車に乗せられて国境の先に消えて

いった人々のことを改めて想像してみた．第二次世界大戦中，ヨーロッパ各地からアウシュヴィッツに向けて，現在判明しているだけで130万人以上が移送されたと言われている．たとえばハンガリーからは，1944年5月に始まった移送において，わずか56日間でおよそ42万4000人がアウシュヴィッツに連行された．親ナチスのスロヴァキア政府に至っては，1942年にドイツにユダヤ人1人当たり500ライヒスマルクを支払って引き取ってもらうという，信じられないような恐ろしい施策を打った．1942年だけで5万7628人がスロヴァキアからドイツの強制収容所に移送された記録が残されている．

　彼らを運んだ貨物列車はどのルートを通ったのだろうか．確認はしていないが，現代のブダペストやブラティスラヴァからクラクフへの列車もチェコのブジェツラフを経由しているので，恐らく当時のルートは今走っているルートと大差ないだろう．そう考えると，わざわざ夜行列車に乗った甲斐があったと思う反面，貨物列車のあとをたどるのは，いくら国境越えの旅とはいえ，気が滅入る．

　列車は相変わらずガタンゴトンと音を立てて前進している．スピードはさほど出ていないが，ポイントを通過するたびに身体が大きく揺さぶられる．線路が分かれたり集まったりを繰り返し，そこを列車がひたすら目的地を目指して走る様子は，まるで阿弥陀くじでもたどっていくようなイメージである．そのうち方向感覚も怪しくなってきた．自分で乗った列車ですら不安な気持ちが募ってくる．これが無理やり乗せられた貨車だったらどうだろうか．線路脇のライトが車内を照らすたびに，恐ろしい想像は広がるばかりである．

□ 線路が集中する地帯

　ところで，実はチェコ北部からポーランド南部にかけての地域にはたくさんの鉄道線が張り巡らされている．そのなかを列車が走っているのだが，こんな東ヨーロッパの一角に多くの路線があること自体，不思議に思われるかもしれない．その理由をとりまとめてお話ししよう．

　この一帯で鉄道の建設が盛んになったのは19世紀後半．ヨーロッパが鉄道建設ブーム真っ盛りだった時期になる．当時，このあたりにはドイツ帝国とオーストリア＝ハンガリー帝国，それにロシア帝国の国境が集まり，三国国境をつくっていた．1815年のウィーン会議で新たに国境が決められ，第一次世界大戦後にこれら帝国が崩壊するまでの約百年間，ここは覇権を競う帝国が接する地域であり続けた⑦．なお，この当時の三国国境は現在のポーランド南部の都市カトヴィツェの東，約10kmのところにあたり，記念碑が建てられている．

　これらの帝国はいずれも産業化を推し進めた．その際，この付近に良質の石炭

⑦3つの帝国の国境に位置する
アウシュヴィッツ
(Großer Atlas zur Weltgeschichte.
Westermann, 1997を一部修正)

が産出したことから．特にドイツ帝国とオーストリア＝ハンガリー帝国は，産業
の要である製鉄業に力を入れ，国運を賭けて多くの投資を行った．そしてそのた
めに鉄道は欠かせなかった．原料を工場に運び，製品を市場に輸送したのは貨車
であり，それが長大な編成で機関車にけん引されて長距離を走った．貨物ばかり
ではない．各地から大勢の労働者を乗せた客車が都市に向かった．その結果，現
在のチェコ北部からポーランド南部にかけての地域はヨーロッパ有数の工業地帯
になった．ドイツ帝国では，現在のポーランドの工業都市カトヴィツェやリヴニ
ク，オーストリア＝ハンガリー帝国では，現在のチェコのオストラヴァのような
工業都市がこの頃に興っている．

　しかし，鉄道がここに集中した理由はそれだけではなかった．3つの帝国が接
する場所は，とかくきな臭い．国際情勢いかんで，ここは紛争が起こる可能性が
高い．となれば，前線に武器や兵士を大量に輸送できる準備が必要である．つま
りここは軍事的な要衝と位置づけられ，迅速な軍事行動のための鉄道網の整備が
急がれた．鉄路はそれぞれの国の主要都市，すなわちドイツ帝国ではベルリンや
ハンブルク，オーストリア＝ハンガリー帝国ではウィーンやブダペスト，ロシア
帝国ではワルシャワやミンスクと結ばれた．その結果，この地域は広く中央・東
ヨーロッパ各地から鉄道で到達できるようになった．

　第一次世界大戦後，これらの帝国が崩壊してドイツやポーランド，チェコスロ
ヴァキア，ソ連を分ける国境が新たに引かれると，鉄道もそれぞれの国に引き継

がれていった．しかし，それもつかの間．ナチスドイツがこの鉄道網に目をつける．豊富な石炭と密度の高い鉄道網があることから，ここに一大工業地帯の構築を計画したのである．当時，ドイツは海外植民地がなく，石油や天然ゴムが確保しにくい状況にあった．そこでこれらを化学的に合成して生産する化学工業に力が入れられた．その最たる企業に既存の化学企業の大合同によって生まれた巨大トラスト「イーゲー ファルベン」があり，最新の大工場を建設するための最適な場所を探し求めた末，見つけ出したのがアウシュヴィッツだった．

工場での労働力は常に強制収容所から供給された．1940年にポーランド政治犯を収容する施設として出発した収容所は，のちにソビエト軍捕虜やユダヤ人を収容する施設に拡張された．化学工場は1941年に完成．フル稼働して戦時体制のドイツの産業を支えた．

そして帝国時代の鉄道網は，ユダヤ人をヨーロッパ各地から連行するのにも大いに活用された．1942年に始まる大量殺戮において，ナチスが史上最大の殺人工場をつくり，きわめて効率よく大量殺戮が実現できたのは既存の鉄道網のおかげであり，まさにこの場所がたどってきた歴史があったからである．

□「草線路」でたどるアウシュヴィッツ

列車に戻ろう．無事に夜が明けて，予定通りクラクフ中央駅に到着した．降りた客は足早に散っていき，残った駅構内は静かだ⑧．帝国時代の歴史ある駅舎で，ここを通り過ぎた人々に思いを馳せているとスタンドが開いた．ポーランドのパンとコーヒーは思っていた以上にうまい．ちょっと生き返った気分になる．

しばらくしてオシフィエンチム行きの電車に乗り込む．当時は直行する電車が走っていた．クラクフから西に約50km．人口約4万の小さな町である．車内はおおかた地元客のようだが，カメラを持った観光客らしい人もいる．収容所跡が目当てだろう．電車は速度を上げ，1時間ほどで終点．駅に降り立ち，地図を見ると収容所跡は遠くない⑨．さっそく第一収容所跡を目

⑧ 帝国時代につくられたクラクフ駅の駅舎 (2008年3月)

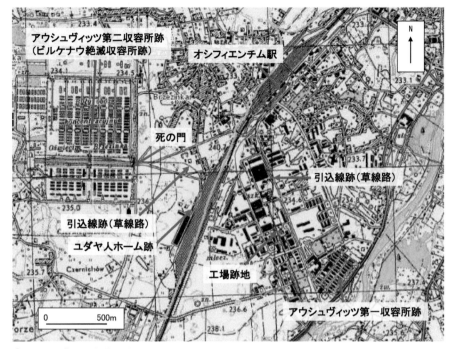

⑨アウシュヴィッツ収容所跡の周辺
(MIIPホームページ（2016）https://miip.geomalopolska.pl/を一部修正)

⑩アウシュヴィッツの草線路（2014年9月）

指して歩くことにした.

　しばらく行くと，道路に沿って線路が延びている⑩．レールはさびて枕木も古く，敷かれた石（バラスト）の間には草が生えている．もう使われている様子はない．いわゆる廃線である．レールをまたいで枕木に足を乗せてみた．2本のレールの間にいると，妙に心地がいい.

　実はこのような線路には幼少の頃から興味があって，それがたいてい草に埋もれていることから，当時は「草線路（くさせんろ）」と呼んでいた．なぜそこに線路があるのか想像するだけでワクワクして，よく電車の窓から「草線路」を探した覚えがある．それから数十年，いまだに「草線路」を見つけると，つい近寄ってしまう.

　それはさておき，あたりを見渡すと，いくつもの「草線路」の先が近くの大きな施設に向かっている．あとで分かったのだが，ここには大戦中にドイツが建設した工場などが並んでいた．なかでも巨大な敷地をもっていたナチス親衛隊企業（DWA）の工場では，大量の兵器が製造されていた．そこは紛れもなく重要な工場地帯だった．今はポーランドの技術教育センターなどになっていて，線路は無関係，むしろ歴史を伝える証人のように残されているのだろう.

　先を急ごう．第一収容所に到着すると，まずは正門である．「Arbeit macht frei（労働は自由への道）」の有名な標語を掲げた門であり，アウシュヴィッツのシンボルである⑪．この標語は，ここが基本的に強制労働を課すための収容施設だったことを示している．毎日点呼を受けた人々が行進して作業現場に移動し，終わると再び正門をくぐって床に就いていた．そこで収容所は基本的に生きて暮らすための施設とされ，たとえば，第一収容所の建物は基本的に数段の階段を上って玄関に入る構造になっている．収容所一帯が川に近い低湿地であり，衛生上の理由もあって，1階部分を高床にしたからである．これはあとで訪ねる第二収容所と決定的に違うところだ.

　現在は，それら建物の多くが展示室として公開されており，博物館として大勢の訪問客を受け入れている．収容された人々が残したカバンや靴，洗面用具がうずたかく積まれ，刈り取られた女性の毛髪が天井に届くほどの山をなしている⑫．そして彼らを殺害した毒ガス「ツィクロンB」の空き缶⑬．どれも黒い口が開いたままだ．この無言の凶器が奪った命の数は想像を絶する.

　博物館としての収容所跡については，日本人の現地スタッフである中谷剛氏が著した『アウシュヴィッツ博物館案内』が詳しいのでここでは触れないが，とかく犠牲者としてユダヤ人が注目されがちなので，若干の説明を加えておきたい.

　この収容所を歩いていると，その一角にロマの犠牲者を紹介した建物（13号

⑪アウシュヴィッツ第一収容所正門 (2008年4月)

⑫収容所跡に積まれた靴の山 (2006年3月)

館）がある．ポーランド政府をはじめ，ドイツ政府や大手企業の支援で2001年に開館した．ロマ専門の博物館としては世界最大クラスで，ナチスの犠牲になった多くのロマの記録が残されている．なお，金子マーティン著『「ジプシー収容所」の記憶』によると，1943年2月26日から1944年7月までにナチス支配下の12カ国から2万942人のロマが連行され，いわゆるジプシー収容所に拘禁された．窓もない粗末なバラックでは疫病や飢餓がはびこり，拷問や射殺，人体実験，ガス殺で拘禁者の死亡率は56.5％にものぼった．1944年8月2日の晩にはジプシー収容所を整理するために，2897人が一気にガス室で殺されたという．

　アウシュヴィッツの犠牲者の数は正確には分かっていない．人々はそれほど雑に扱われた．しかし，ガス室に送られた人々の顔写真が並ぶ廊下を歩くと，ここで起こったことの恐ろしさが実感できる．そこには将来に夢を膨らませていたであろう若者や，子どもの成長を楽しみにしていた婦人の顔もある⑭．そうした彼らの人生を，ナチスはいともたやすく打ち砕いた．虐殺の規模は数字で分かったつもりでも，彼らを前にするといたたまれない気持ちになってくる⑮．

⑬ツィクロンBの空き缶
(2006年3月)

⑭展示されている犠牲者たちの顔写真 (2014年9月)

⑮ガス室跡に列をなす観光客 (2008年4月)　⑯第二収容所の死の門に延びる線路 (2003年9月)

　　第一収容所跡の見学が終わると，人々はそこから第二収容所，つまりアウシュヴィッツ・ビルケナウ絶滅収容所跡に向かう．たいがいは博物館が提供する無料のシャトルバスに乗り込むのだが，あえて歩くことにした．距離にして2 kmほど．途中，鉄道線をまたぐ橋から第二収容所の正門が遠望できる．さらに行くと道に並行して「草線路」が現れてきた．線路は正門に開いた大きな口に向かって一直線に伸びている⑯．この門が「死の門」と呼ばれたのは，この収容所の目的が強制労働ではなく殺戮であり，入ったら二度と出て来られなかったからである．門をくぐった人々の多くは，収容所奥にある巨大なガス室に直行させられた．

　　ここでは人間の尊厳はまったく無視されていた．湿地帯でありながら，収容施設はレンガを積んだだけのバラックで，第一収容所と違って床は土間のまま．板すら張られていない⑰．共同トイレにプライバシーはなく，各棟に1基設置された暖炉は，厳冬の寒さをしのぐには程遠いレベルだった．巨大なガス室と焼却炉は戦争末期に証拠隠滅をはかるナチスによって破壊されたが，跡がそのまま残さ

⑰第二収容所跡のバラック (2003年9月)
湿気が上がっているのか地面に近い壁が変色している．

⑱破壊された死体焼却施設 (2014年9月)

⑳**広大な第二収容所跡** (2014年9月)
「死の門」の最上階の監視塔から望む. かつて線路の先に巨大なガス室が2基あった. 貨車から降ろされた人々を選別したプラットホームと呼ばれた場所が見える (遠方の白っぽい部分). 彼らはそこからガス室へと歩かされた. そのおぞましい光景を看守たちがここから眺めていたのである.

⑲**ガス室の跡** (2008年4月)
手前の階段を下りた先の空間が地下の脱衣室. 奥を左に折れるとガス室, そして遠く前方に死体を焼く焼却炉が並んでいた. 当時どんな思いでここに入っていったのだろうか. この階段を降りた人々が全員亡くなったかと思うと, 見つめていられなくなる.

れており, そのグロテスクな廃墟がかえって残酷さを際立たせている⑱⑲.

　あまりに広い敷地をゆっくり歩くと, ここに連れて来られた人々の絶望に思いが巡り, 訪問者たちは言葉を失う. この広漠たる収容所の場所に立つだけで, 罪のない人々を虐殺した狂気について考えずにいられなくなる. 先に訪ねた第一収容所跡が丁寧な展示を前にじっくり学べる博物館であるのに対して, 第二収容所跡は, 現場にいることによって多くを考えることができる場と言えるだろう⑳.

　死の門を出ると, 来るときに見た「草線路」が一直線に延びている. 門を背にして線路をたどると, しばらく進むうちに線路は畑のなかに見えなくなってしまった. 地図には線路跡らしい土盛りが示されているので, それを頼りに歩いていくと, やがて右にカーブを切ってオシフィエンチム駅から延びる鉄道線の脇に出てきた. ここはかつて「ユダヤ人ホーム」と呼ばれた場所で, 貨車から降ろされると即座にガス室行きとそうでない者に選別され, 全員が死の門まで行進させられたという. 線路に立つと, 当時の様子がよみがえってくるように思えてくる. アウシュヴィッツの「草線路」には, 国境を越えてきた人々を想像するだけの迫力が備わっているように思えてならない.

□ 国境越えを強制される人々

　ヨーロッパではかつて大勢の人々が強制的に国境を越えさせられ, その多くは二度と帰ってくることがなかった. 彼らがアウシュヴィッツに向かった道を求めて国境を越えようと夜行列車に乗ったのだが, もちろん, 絶望のどん底にいた彼

らの思いなど想像できるはずもない．そん
なことは分かっていたが，それでもウィー
ンから夜通し列車に揺らされた旅は，明ら
かに普通の国境越えではなかった．

　アウシュヴィッツは決して遠くない．ク
ラクフにはヨーロッパ各地から飛行機での
アクセスがあるし，ワルシャワから直行の

㉑第一収容所跡の「処刑の庭」
(2008年4月)
博物館員の中谷氏の説明を学生たちと聞く．

列車やバスがあり，さして距離を感じずに行くことができる．にもかかわらず，
ウィーンから夜行列車で訪れた印象が格別なのは，時間をかけて国境を越える
と，行く先への期待と不安が大きくなるからだろうか．国境の重みが感じられる
からかもしれない．

　それにしても，なぜこのような施設がつくられ，多くの人々が集められて殺害
されたのか．19世紀以降に多くの国が成立してきたヨーロッパには，国をつく
れなかった人々がいた．その代表がユダヤ人とロマだった．彼らはヨーロッパ各
国に暮らす反面，どの国でも少数派であり，しかも基本的には同居を望まれてい
なかった．彼らは邪魔者扱いされ，国境の外に排除する圧力がかけられた．そう
したなかで彼らを暴力で排除したのがナチスだった．彼らを根絶やしにするため
の大規模な抹殺計画のもと，何ら根拠のない劣等人種の烙印を押して，人々を
片っ端からガス室に追い込んだのである．

　この忌まわしい殺戮は過去のことと思われがちである．しかし，ヨーロッパで
は今も多くの難民や亡命者たちが難を逃れて国境を越えている．1990年代には
旧ユーゴスラヴィアから，そして最近はシリア難民やロマが国境を越えている．
そうしたなかで目立っているのがポーランドやハンガリーなどでの右派勢力の台
頭であり，EU加盟国でありながら自国民ファーストの姿勢を強くし，彼らを排
除する動きを示している．異質の集団に冷たい態度をとる傾向が強まるのを見る
につけ，これをかつてのナチスの行為とダブらせるのは行き過ぎだろうか．

　ヨーロッパでは，国境は人の流れに敏感に反応してきた．自由に移動できる国
境かと思っていると，突然，厳しい制限が加えられ，人々を追い出したりする．
弱い立場の人々にとって国境を越えることは，不安や不確実と隣り合わせだ．し
ばしば多くの犠牲をこうむり，代償を払わされる．陸上の国境をもたないと実感
しにくいが，国境がもつ残酷さから目をそらしてはならないだろう．そのために
も，国境を越えてアウシュヴィッツに行くことをお勧めしたい㉑．

国境アラカルト5　──国境を越えて飛び地に渡る

　青いアドリア海と，沖合に並ぶ多くの島々．海底まで透けて見えるような湾の奥に白いビーチ．その絵のような地中海の風景を右手に見ながら，クロアチアの海岸を南に向かっている．目的地はクロアチア最南端の都市ドゥブロヴニク．別名「アドリア海の真珠」①．クロアチア観光のハイライトである．もちろん飛行機で行けるが，ドライブのほうがはるかにロマンチックである．

　ドゥブロヴニクまで67 kmの案内板が見えた．まだ先は長い，と思っていると，いきなり前方にボスニア・ヘルツェゴヴィナの国境が現れた②．この海岸にわずか5 kmほどの領土が顔を出していて，クロアチアの海岸が途切れている．そして再び国境を越えてクロアチアに入る．つまりドゥブロヴニクはクロアチアの飛び地になっているのである．

　なぜ，飛び地なのか．ことは17世紀末にさかのぼる．ドゥブロヴニクには早くから多くのイタリア人が住み，町の名前もイタリア語でラグーザと呼ばれ，地中海交易を展開し，ヴェネツィアと競い合ってきた．一方，東南ヨーロッパではオスマン帝国が勢力を拡大させ，ヨーロッパ諸国を脅かしたが，これにキリスト教勢力が立ち向かって勝利すると，1699年のカルロヴィッツ条約でオーストリアとともにヴェネツィアが領土を広げた．

　このとき，ヴェネツィアを脅威と感じたラグーザは，オスマン帝国に自国の一部を割譲してヴェネツィアの領土の間に短い海岸線をもつ緩衝地帯を設けた．これがその後，ヴェネツィアやラグーザに代わって一帯を支配したオーストリア，さらに

①ドゥブロヴニクの町並み (2005年8月)

②クロアチアからボスニア・ヘルツェゴヴィナの町ネウムに向かう国境 (2005年8月)

③ **ボスニア・ヘル
ツェゴヴィナの町
ネウム** (2016年8月)

ユーゴスラヴィアの時代を経たのち，現在のボスニア・ヘルツェゴヴィナへとその
まま受け継がれてきたのである．

　この短い海岸線に唯一の町らしい町ネウムがある．人口5000人足らず．長らく
歴史の外に置かれてきたからか，町には目立った史跡などは見られない．ただ，近
年は海岸リゾートとして注目され，多くの別荘が建てられている③．ボスニア・ヘ
ルツェゴヴィナの海岸線はここしかないのだから当然だろう．

　もっとも，道路を行き交う車の多くはドゥブロヴニクが目的のようで，忙しく走
りすぎていく．ただし，この短い海岸線を通り抜けるには二度国境越えをしなくて
はならない．しかもどちらもEUの外側の境界なので，検問に時間がかかる．通過
するだけなのだから簡単にしてほしいところだが，れっきとした国境なのだから文
句は言えない．夏のバカンスの時期となると国境待ちの渋滞は相当なものらしい．

　そういう事情から，クロアチアでは今，沖合の半島との間に橋を架けて，この国
境を避ける迂回道路が建設中だ．海岸線と平行に島や半島が並ぶダルマチア式海岸
ならではの解決策である．2022年6月完成予定というから，まもなくドゥブロヴ
ニクまで国境越えをせずに行けるようになる．期待は大きい．

　さて，これで飛び地解消というわけだが，しかしそうなると，もはや飛び地とは
言えなくなるのではないか．純粋に飛び地のままであってほしい，などという国境
マニアの声がどこからか聞こえてきそうである．

Travel 9 国境に紛争跡を探る
—クロアチア国境—

ドナウ川河畔に建つ十字架 (2018年8月)
対岸のセルビアを背に，EU・クロアチア・ヴコヴァルの旗がはためく

□ 未知の地域バルカン

　　ヨーロッパで最も知られていない場所はどこか．
こういう問いは旅好きでなくても気になるのではな
いだろうか．何しろ世界から注目されているのが
ヨーロッパである．あまり人が行かないような穴場があれば，探したくもなる．
しかし実際はと言えば，観光客になじみのない場所などいくらでもある．ヨー
ロッパはどこも観光地と思いがちだが，それは特定の場所があまりに有名だから
であって，知られていない場所は意外にあちこちにあったりする．

　というところで，まずはここにある図を見ていただこう①．これは大学で担当
しているヨーロッパ地誌の講義の冒頭で，ヨーロッパの白地図を学生に配って，
そこに知っている国名を何も見ずに書き込んでもらい，国ごとに正解数を集計し
たものである．これを見ると，イタリアやフランスのように誰もが知っている国
がいくつもある一方で，ほとんどの学生が答えられない国が確認できる．このよ
うな質問をもう10年以上続けているが，分からない国はいつも大体同じで，モ
ンテネグロや北マケドニア，アルバニアといった国々である．おもしろいのは，
正しい国名が書けない国がヨーロッパの東南部，つまりバルカン半島に集中して
いることで，この一帯が学生たちにとって最もよく知らない地域になっている．

なぜバルカン半島は知られていないのか．西ヨーロッパに比べて観光地が少なく，十分な情報がないこと，比較的新しい国が多く，知名度の高い国が少ないことあたりが理由に挙がってきそうだ．バルカンと聞いて頭に浮かぶのは，世界史で学んだ「世界の火薬庫」あたりだろうか．19世紀後半から20世紀初頭にかけてオスマン帝国の衰退とともに各地で民族運動が盛んになり，これにロシアやオーストリアなどが干渉してきたために，一触即発の状況が続いた．バルカンという地名に何となく

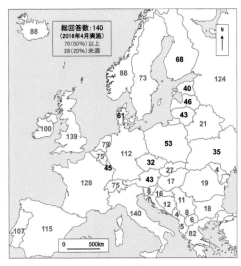

①ヨーロッパ諸国の知名度の違い

きな臭く近寄りにくいイメージがあるのは，そのためかもしれない．

　こんなバルカンの特徴を言い当てた言葉がある．「バルカニゼーション」．バルカン化とも呼ばれる地政学の用語である．それまであった巨大な国や領域が小さな国に分裂していく状況を意味しており，第一次世界大戦後のオーストリア＝ハンガリー帝国の崩壊や1960年代の西アフリカでの植民地からの独立などもバルカン化の例になる．近いところでは2007年のイギリスで，スコットランド独立の機運が高まったことに対して当時のブラウン首相が，「ブリテン島のバルカン化を阻止せねばならない」と警戒の意を込めて口にしている．

　もっとも，近年のヨーロッパでバルカン化は実際に起こった．場所は旧ユーゴスラヴィア．その解体とととともに，まさにバルカン半島で起きたバルカン化である．1991年に始まる分離独立の連鎖によって，最終的に7つの国が生まれ，現在，そのうちのスロヴェニアとクロアチアがEUに加盟している．

　しかもここで目を向けねばならないのは，この解体の過程で想像を絶する事態が起こったことである．1991年にスロヴェニアやクロアチア，次いで1992年に宣言したボスニア・ヘルツェゴヴィナで独立が宣言されるとたちまち紛争が起こり，さらにコソヴォ独立でも紛争に発展した．片や地域統合という壮大な目標を掲げたEUが発足したばかりのヨーロッパで，よもや人と人が殺し合う残虐な行為が繰り返されるとはにわかに信じられず，連日，現場の衝撃的なシーンがテレ

ビに映し出された時，ここは本当にヨーロッパなのかと世界を驚かせた．紛れもなくそこは凄惨な戦場だったからである．

20世紀末のヨーロッパで，人々の心を震撼させるような戦争がなぜ起きたのか．われわれは往々にして，日常からかけ離れた悲惨な事件や災害の報道に接すると，ついその場所でしか起こらないものと考えてしまう．だからこの民族同士の紛争は，ユーゴスラヴィアが解体したからこそ起こった特殊な事件と見なされがちである．だが，本当にそうだろうか．

紛争が終わって四半世紀がたった今，新しく生まれた国々は政治の安定と経済の成長を目指しつつ，ヨーロッパの一員として発展しつつある．2013年にクロアチアがEUに加盟したので，これに接するセルビアとボスニア・ヘルツェゴヴィナとの国境は，EUの内と外を分ける境界になっている．クロアチアと聞けば今も紛争のイメージが残るが，国境はどうなっているのだろうか．景観も気になる．ということで現地を訪ねるとしよう．

□ 国境の町ヴコヴァルに向かう

クロアチアの国土は，ボスニア・ヘルツェゴヴィナを挟み込むように，首都ザグレブから東へと大きく二股に分かれた形をしている．今回出かける国境は北側に延びた先，セルビアと接するところになる②．

この一帯にはこれまでに何度か足を運んだことがある．紛争の跡を求めてひとりで車を走らせたこともあれば，バスで学生たちを案内したこともある．その際，いつもハンガリーから南に向かうルートをたどった．クロアチアが20世紀初めまでハンガリー王国の領土だったことから，国境を越えて変わるものと変わらないものを確認できると思ったからである．また，この一帯にはオーストリアとオスマン帝国とがせめぎ合ってきた経緯があることから，歴史的な境界を追跡してみたいという気持ちも大きかった．

出発点はハンガリー南部の中心都市ペーチ．ここは町の中央に建つ大きな

②クロアチアとその周辺

ドームをもつ教会で知られる③. 全
体としてモスクのような雰囲気で,
周囲の町並みのなかで異彩を放って
いる. 理由は, この町の礎が紀元2
世紀の古代ローマ帝国に築かれて以
来, キリスト教布教の拠点として発
展してきたことにさかのぼる.
1367年には大学が創設されるなど,
ヨーロッパ東部の重要な文化都市に
成長したのだが, 1526年にオスマン

③ ペーチのカトリック教会 (2018年8月)

軍の侵攻を受けると, カトリック教会はモスクに変えられ, イスラームの拠点に
されてしまう. 150年余の支配が続いたのち, 1686年にオスマン帝国軍が撤退し
て町は再びカトリックに戻る. ただ, 恐らく費用が理由だろう. モスクだった建
物がそのまま教会に利用されたため, 大きなドームに十字架を置いたような独特
の形になったという経緯である. この点でこの教会は, この町がキリスト教世界
とイスラーム世界の境界にあったことを物語る景観とも言える.

　さて, ペーチはこれくらいにして, クロアチア国境を目指して南に向かおう.
時は2004年. ハンガリーがEUに加盟した年になる. 一面のトウモロコシ畑の
なか, 一直線の道路を進むと, やがて検問所が見えてきた. 当時はここがEUの
内と外を分ける国境だった. クロアチアは紛争のイメージがあるのでいくらか緊
張して検問所でパスポートを渡すと, スタンプを押すや「ようこそクロアチア
へ!」と笑顔で返してきた. 思いがけない対応に驚かされたが, 考えてみればク
ロアチア経済はこれからなので, 外貨を持ち込む観光客は大歓迎ということなの
かもしれない. そんな具合だから2013年にクロアチアがEUに加盟した直後に
来た時など, 検問があるはずなのにパスポートをかざすだけで入国OK. まるで
自由通行になっているかのようだった.

　ところが2016年に行くと, 様子は一変していた. 国境に沿ってフェンスが張
り巡らされ, ハンガリーに入国する車が列をなしている④. ハンガリーが厳重な
検問を始めたからである. その前の年の2015年. シェンゲン圏 (ヨーロッパで
自由に国境を行き来できる「シェンゲン協定」の参加国) であるハンガリーに入
ればヨーロッパ各地に自由に行けることから, 多くのシリア難民がこの国境に殺
到した. なだれ込む難民にハンガリー政府は危機感を募らせ, それを食い止める
ために高いフェンスを設け, 検問に時間をかけるようになったのである. まさに

④ハンガリーとクロアチアの国境 (2016年8月)
乗用車と大型トラックの間の国境にフェンスが伸びている.

アジアからの人の流れをせき止める壁, ヨーロッパ縁辺とでも言おうか. 国境で柵を見たのは久しぶりだったが, 同じEU加盟国なのにシェンゲン圏でないクロアチアにとっては, 苦々しい「壁」の構築だったに違いない.

　2004年に戻ろう. 国境を越えてクロアチアに入ると, このあたりはスラヴォニア地方と呼ばれる. スロヴァキアやスロヴェニアなどの国名と紛らわしいが, 同じくスラヴ由来の地名である. 国境の手前のハンガリーから続くようにトウモロコシ畑が広がり, どこまでものんびりと牧歌的である⑤. 時折現れる集落では, 道路の両側に切妻造りの平屋の農家が並ぶ. これもハンガリーと同じだ. 18世紀に南ドイツからドナウ川を下ってきた農民が一帯に広く入植したことから,

⑤スラヴォニア地方の牧歌的な風景
(1999年9月)

⑥オシイェクの要塞跡 (2004年9月)
オスマン帝国に対抗してオーストリアが構築した.

⑦**ヴコヴァルに残された廃墟** (2004年9月)

彼ら特有の農家が現れた．そうした共通の景観が国境を挟んで確認できる．

　ドナウ川の支流ドラヴァ川を渡ると，オシイェクという町に着く．川に臨むようにくすんだ赤茶色のレンガを積み上げた巨大な堡塁跡が見える⑥．オーストリア領だった時代にオスマンの軍勢に耐えるための要塞としてつくられたもので，その大がかりな構造から，当時のオスマン帝国がいかに脅威だったかが伝わってくる．ここもかつてヨーロッパ世界の縁（へり）だったのがよく分かる遺跡である．

　さらに行くと，ヴコヴァルと書かれた案内板が見えてきた．今回の目的の町である．町の中心に向かうにつれて，あちこちに破壊されたままの建物が目に入ってくる．車を止めて中心街を歩くと，弾痕だらけの壁，半分吹っ飛んでしまった家，屋根が落ちて壁しか残っていないものなど，戦争の跡がすさまじい⑦．文化財指定された建物も容赦なく破壊されている⑧．紛争が終わって10年近いというのに，廃墟ばかりである⑨．普通の暮らしがあったはずの町が無残な姿に変わり果て，賑やかだった商店街からは人影が消えうせている．あたりはゴーストタウンを思わせるような不気味な静けさだ．

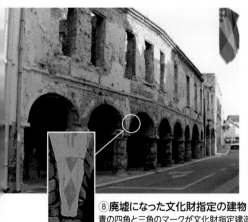

⑧**廃墟になった文化財指定の建物** (2004年9月)
青の四角と三角のマークが文化財指定建造物を示す．

⑨紛争の跡を残す建物（いずれも2004年9月）
左の写真では建物の右半分だけ修復されている.

　ヴコヴァルはクロアチア東端の国境の町で，東側をドナウ川が流れ，対岸はセルビアになる. このあたりのドナウ川は幅1kmを超す大河で，川岸からは青ではなく茶色のとうとうとした流れが見渡せる. 広い川面にはヨーロッパの雄大な大地の風景が重なり，眺めていると気持ちが落ち着く. しかし岸辺に目を転じると，そこには紛争の犠牲者を弔う巨大な十字架が立っており，ここでいかに激しい戦闘があったか. 想像するだけで心がざわついてくる（p.130）.

　人口2万7683人（2011年）. 日本ではあまり知られていない町だが，クロアチア人でこの名前を知らない人は恐らくいないだろう. と言うのは，ここがクロアチア紛争最大の激戦地であり，この町の犠牲があってクロアチアが独立できたとされているからである. ヴコヴァルの戦闘をざっと振り返ってみよう.

　1991年にクロアチアが独立を宣言すると，セルビア主体のユーゴスラヴィア軍がクロアチア国内に住むセルビア系住民の保護を名目にして侵攻してきた. その矢面に立たされたのがヴコヴァルである. 紛争が起こる直前の1990年，人口約4万5000人のうち約1万4000人，つまり3人に1人がセルビア系住民だった. 1991年8月25日の侵攻から11月18日の陥落に至るまでの間，町のクロアチア人に銃が向けられ，多くの犠牲者が出た. このあとクロアチア軍が攻勢に出てヴコヴァルを奪還. これがクロアチアの勝利へとつながったという経緯になる.

　クロアチア紛争は，クロアチアでは祖国戦争と呼ばれる. まさに

⑩ヴコヴァルにある記念墓地の中央記念碑
（2016年8月，木戸泉撮影）

（2004年9月）

⑪ザグレブにあるヴコヴァル通り（2019年9月）
信号機の配電盤にもヴコヴァルが描かれている.

⑫修復された文化財指定の建物（2018年8月）

　祖国を守り，独立を勝ち得た戦争だからである．ヴコヴァルの犠牲はその勝因として位置づけられ，そのためヴコヴァルには巨大な墓地が造営され，毎年11月18日には犠牲者追悼記念式典が国を挙げて盛大に開かれている⑩．また，クロアチアに関する木戸泉氏の研究によれば，ヴコヴァルでは犠牲と勝利をテーマにした博物館が開設され，この町をクロアチア人意識高揚ための聖地にする取り組みが盛んだという．さらには国民が記憶を共有するために，国家事業として国内各地の道路にヴコヴァルの名を付ける作業まで行われている⑪．

　その後，町は徐々に復興して建物の修復や再建が進み，文化財指定の建物の復元もほぼ完了した⑫．一方，かつてユーゴスラヴィア軍が破壊した水道塔は，無残な弾痕をさらしたまま戦争の記憶をとどめるランドマークとして残されている．土産物ショップを覗くと，水道塔をかたどった土産やTシャツなどが並んでおり，外国からの観光客が大勢訪れているのが分かる⑬⑭．もっとも，戦跡は決して見せ物ではない．紛争跡の景観を前にして，なぜ紛争が起こったのか．訪問したからには，その理由について考えるべきだろう．

□ セルビアの国境を越える

　クロアチアの東の国境は，ドナウ川を隔ててセルビアと接している．蛇行する

⑭**水道塔をあしらった土産物**（2018年8月）

⑬**紛争の象徴として残されたヴコヴァル
の水道塔**（2016年8月，木戸泉撮影）

川に沿って引かれた国境は，直線にして約100 km．しかしその間，国境を越える道路橋はわずか3本しか架かっていない．

2016年の夏，ヴコヴァルからドナウ川に沿って下流に向かい，クロアチアの最東端にある橋を渡って，対岸のセルビアの町バチュカパランカまで行ってみた．橋の両端にそれぞれ国境検問所がある．かつての紛争の現場であり，厳しい検問があるのではとやや緊張したが，クロアチアを出るのもセルビアに入るのも，パスポートを確認してスタンプを押すとすぐに返してくれた．

ところが，セルビア国内を2時間ばかり走って同じ橋に戻り，セルビアを簡単に出国したあとクロアチアの検問所に行くと，先ほど通ったのを覚えていたらしく，「セルビアで何をしてきた」「日本人がここで何をしている」といくらか強い調子で尋ねてきた．観光と答えて無事に通過できたが，対応の様子から，セルビアと違ってクロアチアはEUなんだから厳しいぞ，と聞こえた気がした．折しも難民が押し寄せた翌年だったので，検問が厳しくなっていたからかもしれない．しかしそうだとしても，加盟したばかりのEUの一員であることを誇っているのでは，と思わずにいられなかった．

というのは，2004年にEUが東ヨーロッパに拡大して間もない頃，ザグレブで多くの車にEUのナンバープレートに似た青地に丸を描いたマークが付けられていたのを思い出したからである．当時，ザグレブの知人に訊くと，クロアチアではEU加盟を望む意向がとても強く，その表れだろうとのこと．しかも同じユー

ゴスラヴィアだったスロヴェニアに先を越されたのが，クロアチア人には我慢ならなかったらしい．ようやく加盟を果たした今，未加盟のセルビアからの入国者に高飛車に出たのも，そんな背景と無関係でない気がしたのである．

　さて時間が限られていながら，わざわざセルビアに行ってみようと思ったのは，国境の先には大きく違う世界があるかも，という期待があったことにもよる．セルビアはセルビア語が公用語の国であり，キリル文字を使う．なじみがない文字なので違和感は大きいはず．それにそもそもこの国境は，さかのぼること紀元3世紀にキリスト教が東西に分裂した時の境界にあたる．そのつながりでセルビアの宗教はセルビア正教会なのだ．異なる景観があるに違いない．

　しかし実際に国境を越えてみると，滞在時間が短すぎたからか，残念ながら期待したほどの違いは見つけられなかった．むしろ共通のもののほうが目についた．バチュカパランカの町並みは教会も家並みもクロアチアとさして変わらず，農村にはハンガリーでもクロアチアでも見た平屋の農家が軒を並べている．

　もちろんセルビアでは，店の看板も道路案内板もキリル文字で書かれているので，それだけで別の世界に来た気分になる．しかし，むしろセルビア語とクロアチア語を併記した道路案内板を見つけたことのほうが印象に残った．これは一帯にクロアチア人が住んでいることを示しており，実際にクロアチア国内に多くのセルビア人がいるように，ここにはクロアチア人が暮らしている．国境を隔てて2つの民族が同居しているわけだが，それが不自然でないのは，そもそもセルビア語とクロアチア語が似通った言語で，会話が通じ合える関係だからである．にもかかわらず違う文字を使って互いを区別して，それぞれが国をもち，国境を引いてしまった．その結果，言語が違う人々を異質の集団として排除し，紛争に発展して多くの犠牲者を出したのだから，国家というのは恐ろしい．

　今でこそ当たり前のようにして国境が両国を分けているが，もともとは連続した地域で，同じような暮らしをしている人々がいたし，言語も錯綜していた．ドナウ川を挟んで人々は行き来していた．国境を越えても景観に大きな違いがないのも当然だろう．しかも国境さえなければ命を落とさずに済んだ人々が大勢いたはずである．かつて異なる民族が同居していた時代を思うと，はたして国境ができたことによって人々は本当に満足しているのだろうか，改めて考えてしまう．

□ ボスニア・ヘルツェゴヴィナの国境

　さて，クロアチアの東の端まで来ると，もう1つの国境も越えたくなってくる．その南に隣接するボスニア・ヘルツェゴヴィナとの国境である．

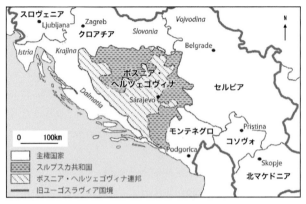

⑮停戦後の多民族国家ボスニア・ヘルツェゴヴィナ
(Murphy, A.B. et al (2009) The European Culture Area. Roman & Littlefield Publishersを一部修正)

　ヴコヴァルから南へとボスニア・ヘルツェゴヴィナとの国境を目指して車を走らせたのは2018年．トウモロコシ畑がうねる丘を行くと，やがてドナウ川の支流であるサヴァ川の谷に出る．ここが国境だ．対岸にはボスニア・ヘルツェゴヴィナの町オラシエが見える．検問所を通って町に入ると，全体がいくらかすすけた感じだ．やはり経済の違いだろうか．それ以外は，住宅など建物を見ても国境を越えた感覚はあまりない．ただし，ここではモスクの立派な尖塔が目立つ．多くのムスリムが暮らしているからである．これについてはあとでお話しする．

　町を出てさらに南に向かってみた．農地に点在する民家を見ながら7kmほど行くと突然，スルプスカ共和国を示す案内板が現れた⑮⑯．国名が書かれているので，ここは国境のはずである．しかし，あたりにそれらしいものはなく，案内板だけの奇妙な景観である．何より聞きなれない国名である．説明しよう．

⑯ボスニア・ヘルツェゴヴィナのスルプスカ共和国 (2018年8月)

　ボスニア・ヘルツェゴヴィナは，ボシュニャク人，セルビア人，クロアチア人の3つの民族からなる地域で，いずれも過半数を占めないことから，1992年に独立宣言を出すや，セルビア人とクロアチア人を保護する名目でユーゴスラヴィア軍とクロアチア軍が国境を越えて侵攻してきた．それはこの国の主導権争いに発展し，紛争は泥沼化して多くの犠牲者を出し，凄惨を極めた．出口のない紛争は1995年にNATO軍

の仲介による停戦を経て，ようやく終わりを告げる．

　紛争後，安定した政治体制を確立するために導入されたのが連邦制だった．銃を向け合った民族の同居はもはや不可能となり，民族ごとに領土が定められた．つまりボシュニャク人が住むボシュニャク人地区とクロアチア人が住むクロアチア人地区からなるボスニア・ヘルツェゴヴィナ連邦と，セルビア人が住むスルプスカ共和国であり，両国の間に「国境」が引かれた．これが今越えようとする境界である．ちなみにスルプスカとは，セルビア語でセルビアを意味する．主権国家の国境ではないので，パスポートチェックはもちろんない．柵もないから，案内板がなければとても「国境」があることに気付けない．

　スルプスカ共和国に入って20km近く行くと，再びボスニア・ヘルツェゴヴィナ連邦に入るが，ここも看板だけだ．車で走ると「国境」がかなり入り組んでいるのが分かる．実際，この「国境」はそれぞれの民族の分布を考慮して引かれた．それだけ民族が複雑に交じり合って住んでいるからである．混住している理由には，この一帯をなすディナルアルプスという奥深い山脈のやせた土地に，かつてオスマン帝国の支配を逃れたセルビア人などさまざまな人々が入り込み，小さな集団で住み始めたことが背景にある．特定の集団が強い政治力を振るうことなく，異なる民族が共生する時代が長く続いてきた．そこに無理やり「国境」を引かざるを得なくなり，曲がりくねった線が現れたというわけである．

　この2つの「国」はボスニア・ヘルツェゴヴィナのなかの自治体にすぎないので，「国境」を越えても町や村の様子に大きな違いはない．とは言いながらボスニ

⑱新しい墓碑ばかりのムスリムの墓地 (2018年8月)

⑰首都サラエヴォのモスクとムスリムの
人々 (2018年8月)

ア・ヘルツェゴヴィナ連邦にはスルプスカ共和国とは異なる景観が目につく.

　1つはモスク⑰．この一帯に住んできた人々が15世紀以降，オスマン帝国の支配下でイスラームに改宗し，信仰と密着した生活スタイルを今日まで維持している．ユーゴスラヴィア時代にはムスリムの名で呼ばれていたのが，国家の独立とともに自身が故郷とするボスニア地方にちなんで，1993年からボシュニャク人を正式に名乗るようになった．ボスニア・ヘルツェゴヴィナ最大の民族集団であり，言語は基本的にはセルビア語やクロアチア語ときわめて近いが，自身の言語としてボスニア語と呼んでおり，この国の中核をなす民族と自覚している．

　そしてもう1つが墓地である．大理石でつくられた柱のような墓石が立ち，新しいものばかりなのでかなり遠くからでも真っ白の墓地が見える⑱．これらはムスリムの墓地で，紛争の犠牲者が埋葬されている．紛争ではムスリムに対する激しい攻撃がなされ，多くの民間人が犠牲になった．なかでも1995年7月にセルビア国境に近い村スレブレニツァで起きた虐殺事件では，8000人以上がセルビア勢力によって殺害され，国際的な批判を浴びた．墓標には名前とともに出生と死亡の年月日が記されている．たまたま訪れた墓地では1994年に亡くなった20代の若者ばかりだった．見ているだけで紛争の悲惨さが伝わってくる．

　平和を迎えて四半世紀がたった今，この国は経済復興を目指して観光に力を入れている．国内にある多様な文化が売り物である．カトリックと正教会，そしてイスラームの伝統があるほか，かつてオーストリアとオスマン帝国の支配を受けたので，それぞれが残した建物などの文化遺産もある．いずれはEUに加盟することになるだろう．

⑲消されたセルビア語の表記 (2016年8月)

　とは言え，ことは簡単ではなさそうである．この国の道路案内板には，原則として地名はラテン文字とキリル文字で表記されている．そんななか，スルプスカ共和国から「国境」を越えてボスニア・ヘルツェゴヴィナ連邦を走る途中，案内板にあるセルビア語の地名がスプレーで消されているのをよく見かけた⑲．ここにセルビア語はいらない，セルビア人は出て行け，というメッセージを放つ悪戯である．こういうものを見ると，同じ国民でありながら互いに理解し合うにはま

だ時間が必要だという気がする.

　ボスニア・ヘルツェゴヴィナ国内にある2つの「国」は主権国家ではないものの，それぞれの民族が「国」への帰属意識を強めて相手を排除する構図が続けば，その「国境」は民族を守るための通常の国境になってしまうかもしれない.ボスニア・ヘルツェゴヴィナが多民族国家として成り立っていくためには，多様性を認め合い，それぞれを尊重する意識が必要なのは言うまでもない.

　さて，ここまでお話ししてくると，この小さな国で起こってきたことが，ヨーロッパの例外どころか，実はヨーロッパ全体の歩みとよく似ていることに気付かれたのではないだろうか.特定の言語や文化をもつ人々が自身の地域を守るために境界を引いているこの国の状況は，多くの国々が国境を守り抜いているヨーロッパの姿とダブって見えるし，まとまりある国になるために多様性の統合を目指すボスニア・ヘルツェゴヴィナは，まさにヨーロッパ統合を標榜するEUのメタファーと言えなくもない.実際，二度の大戦を経て生まれたEUも，この国と同じように民族紛争が再び起きないための努力を続けている.こうして見るとボスニア・ヘルツェゴヴィナの紛争は決して特殊な事件ではなく，ヨーロッパのどこで起きてもおかしくないもののように思えてくる.

□ バルカンはどこか

　クロアチアのなかでもアドリア海沿岸の地方は，美しい海岸とローマ帝国の遺跡，新鮮なシーフードと上質のワイン，マリンスポーツなど国際観光客で賑わうヨーロッパ有数の観光地に発展している.しかし，ここで訪れたスラヴォニア地方は，まだ紛争の跡が残り，トウモロコシ畑が広がる純農村地帯で，さしたる観光地も見当たらない.交通網の整備も遅れがちで，「これから」の地域である.

　スラヴォニア地方は，そういう点では知られざるヨーロッパなのかもしれない.そんな場所柄を感じたことがあった.

　話はまた2004年に戻る.ヴコヴァルで紛争跡の生々しい光景にくぎづけになり，気が付けば午後6時過ぎまで町なかをうろついていた.ここから今晩泊まる首都ザグレブまで約300 km.高速道路を西に走れば9時過ぎには着けると高をくくって出発すると，なんと高速道路の入口に通行止の表示板が立っている.この道路はユーゴスラヴィア時代に首都ベオグラードとザグレブを結ぶ幹線道路としてつくられ，国の経済を支えていた.それがちょうどリニューアル中だった.まだナビがなかった時代，おおよそ見当がつくはずと，よりによって地図も持ってこなかったのだから始末が悪い.しかたなく一般道を勘で走り出したが，

街灯が少なく道路案内も見当たらない.

　そのうち真っ暗になり，いよいよ行先が分からなくなってしまった．もはや今晩は野宿か，とあきらめ気分で空を見上げると，幸い三日月が出ている．しめた，これで方角の見当がつく，と思い直して走り続けると，時々大型のトラックがすれ違う．長距離便らしく，恐らくトラックが来る方向に幹線道路があるはずと思って手さぐりで進んでいくと，どのくらい時間がたっただろう．突然，闇の中に高速道路の入口が現れた．そこがリニューアル区間の西の端だと分かり，その幸運に驚きながら一目散にザグレブに向かった，という顛末である.

　とんだ失敗談だが，ヨーロッパを車であちこち旅したなかで，これほど推理を働かせたことはなかった．スラヴォニア地方は昼間なら牧歌的な風景が楽しめただろう．しかし，まだ幹線道路が整備されておらず，いったん迷い込むと出て来られない．目にしたばかりのヴコヴァルの廃墟の光景と重なって，この地域の裏の顔を見た気がした．穏やかな農村に潜む陰の部分とでも言うべきか．ことによると，こういう紛争と絡んだ農村の姿にバルカンらしさがあるのかもしれない.

　さて，現場ではそう感じたものの，改めてバルカンについて考えるとどうも釈然としない．バルカン化とともに民族紛争が起きるような地域がバルカンだとすると，確かにこの一帯になるのだが，先ほど述べたように，大戦を経たEUも民族問題をはらみ，それを防ぐ努力をしている．つまりEUは，放っておくとバルカン化してしまうかもしれないヨーロッパを，そうならないようにあれこれと手立てを打っているのではないか．であれば，バルカンは特定の地域に限定されないことになるのだが….謎は深まるばかりである.

　最後に，現地で耳にした声をご紹介しよう.

　バルカンはどこか？という質問をクロアチアの知人たちにしてみると，一様に，それはセルビアから東の地域，と答えが返ってきた．自分たちはバルカンではない，というわけだ．ところが，クロアチアの西隣のスロヴェニアや北のハンガリーで聞くと，バルカンはクロアチアから始まると言ってきた．そしてオーストリアのウィーンで同じ質問をすると，バルカンはハンガリーから先なのだそうだ．皆，自分たちはバルカンではない，隣の国がバルカンだと言い張っている.

　どうやら誰もバルカンには住みたくないらしい．自分たちがいるのはそんな場所ではないとでも言っているかのような口ぶりだ．バルカンの存在は認めても，そこは自分たちが暮らすヨーロッパとは別の世界のことのようである．ヨーロッパでありながら近くないバルカン．この見知らぬ地域バルカンとはどこなのか．その答えを求めて国境を越えてみるのも一興かもしれない.

16世紀の地図「ゲルマニア」
①ロンドン，②アムステルダム，③ブリュッセル，④パリ，⑤フランクフルト，⑥ストラスブール，⑦チューリヒ，⑧ヴェネツィア，⑨ライプツィヒ，⑩プラハ，⑪ウィーン，⑫グダンスク，⑬クラクフ，⑭ブダペスト（いずれも現在名）

□ 古地図に描かれたヨーロッパ

　ヨーロッパでは古地図の収集に根強い人気がある．額に入れてインテリアとして楽しむ家庭も多く，ドイツでは，訪問したお宅の居間に飾ってあるのをよく見かけた．そうした古地図は町の古書店などに並んでいるのだが，本気で探すなら南ドイツの町シュツットガルトで毎年1月に開かれる古書・古美術品の見本市が狙い目だ．ドイツをはじめ各地の古地図が数多く出品され，マニア垂涎の逸品が現れることでも知られており，期間中の会場は異様なほどの熱気に包まれる．

　ずいぶん前になるが，そこで1枚の古地図を手に入れたことがある（上掲）．ゲルマニア，つまりドイツというタイトルが付いたこの地図は，16世紀オランダの印刷業者フィリップ　ハレ（1537-1612）が1585年に出版した『地球の舞台便覧』という名の世界の地理を解説した本に載っていたもの．調べてみると，この本に先立ってオランダの地図製作者オルテリウスが，1570年に有名な『地球の舞台』を出版したのだが，それがかなり評判だったことから，ハレがそのコン

パクト版を出したということだった．その『便覧』の地図がたまたま店頭に出ていたのである．

　第1章でお話ししたようにこの頃のオランダでは，メルカトルをはじめとする地図職人たちが多くの地図をつくっていた．そしてそれらの地図を集めて，解説を加えて製本・出版したのがオルテリウスだった．オルテリウスの『地球の舞台』には，もちろんゲルマニアの地図がある．それと比べるとハレの『便覧』の地図はいくらか簡素化されている．とは言え，図中の情報に大きな違いはない．

　地図を見てみよう．この当時，海岸線はまだ不正確だが，現在のドイツを中心にした地域であり，そこに多くの都市が描かれている．地図の左上，つまり北西には北海，北東の端にはバルト海が広がっている．また南にはアドリア海の一部があり，その沿岸にはヴェネツィアが見える．地図の東端にあるのはハンガリーのブダとペスト．この2つの町は1873年に統合して現在のブダペストになる．西の端にはフランスのパリ，そして海を隔ててロンドンまで記されている．

　さらに細かく見ていくと，フランケンやザクセン，アルザスといった地方の名がいくつも確認できる．それらは現在も，州の名などであり続けている．また多くの町の位置にはアイコンが刻印され，それが赤く色づけされている．ハンブルクやアムステルダム，パリ，プラハのように大きめに描かれた町もある．当時すでに繁栄していたからだろう．おもしろいのはドイツのベルリンが描かれていないことだ．この頃はまだ小さな町にすぎなかったのである．

　都市と並んでこの地図で目につくのは，たくさんの川の流れである．名前こそ書かれていないが，ライン川やエルベ川，ドナウ川といった大河とその支流が示されている．その数たるや半端ない．なぜこれほどまでに多くの川が描かれているのだろうか．しかもよく見ると，都市のほとんどが川沿いにあるのが分かる．

　そのわけを推理してみよう．ヨーロッパでは古くから川は重要な交通手段であり，人や物が船で運ばれてきた．川の勾配が緩やかで，流量が比較的安定しているのが理由になる．そこで川沿いには都市が発達し，船上から町を確認したように，その位置は川を伝って把握されてきた．このような状況を踏まえると，当時の地図製作者たちは，地図の利用者が求める情報をゆがみなく描くことに精力を注ぎ，川を描くことで町の位置を特定しやすくしたのだろうと想像できる．

　ちなみに川によって町の位置が特定されてきた事実は，今ある地名からも納得できる．ドイツにはフランクフルトが2つあるが，国際空港で知られるフランクフルト　アム　マイン（マイン川沿いのフランクフルト）と，ポーランドとの国境の町フランクフルト　アン　デア　オーダー（オーデル川沿いのフランクフルト）

のように川の名で区別されている．またフランスのアルザス地方にはライン川に沿ってオーラン県（上流のライン）とバラン県（下流のライン），オーストリアではドナウ川沿いのオーバーエスターライヒ州（上流のオーストリア）とニーダーエスターライヒ州（下流のオーストリア）など，例はいくつも挙げられる．

　地図に戻ろう．町の位置と川の流れが詳しく示されているのを見ると，当時の地図づくりの技に改めて驚かされる．しかし，そもそも地図のタイトルであるゲルマニア．それがどの範囲を指すのか，ごちゃごちゃして分からない，というのが率直なところではないだろうか．当時，この地図の中央には神聖ローマ帝国の広い領土があったので，その国境が示されていればよかったかもしれない．ただ実際には，この帝国の領内にはザクセンやブランデンブルクなどの選帝侯国，ボヘミア王国やバイエルン公国，さらにはニュルンベルクやリューベックなどの帝国都市がひしめいていた．この地図にそれらの境界を示そうとすると，さらに煩雑になってしまう恐れは十分にある．

　しかし，国境が描かれていない理由はそれだけではなさそうだ．当時の国は今と違って王や大公のような支配者の所有物としての性格が強く，国境は支配者の所有地の境界でこそあれ，そこに暮らす人々の権利を保障するような境界からは程遠かった．1648年に結ばれたウェストファリア条約によって，ヨーロッパの国々は外交権を確保して現代の国家の体裁に近づくのだが，それ以前は人々の暮らしにとって国の枠組みはさして大きな意味をもっていなかった．だから都市の位置を示す地図に，必ずしも国境を示す必要はなかったとも考えられる．

　そのことは，この地図が当時，各地を移動した商人たちの手元にあったであろうことを念頭に置くと，さらに分かりやすい．彼らは馬車や船で遠方まで商いに出かけ，多くの河川を貨物輸送に利用した．またバルト海や北海の沿岸にはハンザ都市が並び，水運による広域の通商網をつくりあげた．南から北に向けてコムギや織物，ワインが送り出され，北からは木材や毛皮，琥珀などが運ばれた．まさにこの地図に描かれた地域では，水運による広域の経済が勢いづいていた．

　商人たちは都市に暮らし，市場が開かれる都市の間を移動した．当時，ヨーロッパの都市は市壁で囲まれ，市壁に設けられた門を出入りしたのだが，門ではしばしばチェックがなされ，治安の理由から夜間は閉じられた．そのため都市から都市へと旅する商人たちは，国境を越えるよりも都市の門をくぐることに神経をとがらせた．この都市と川を描いた地図は，まさに当時の通行が国家間というよりも都市間でなされていたことをよく示している．数多くの都市が交通で結ばれ，ヨーロッパでは川を介して各地が相互に関係しあってきたのである．

□ 不自然な川の国境

　さて，ヨーロッパでは川が重要な役割を果たしてきたことを見てきたが，実は今のヨーロッパには川が国境になっているところがいくつかある．ドイツとフランスの国境をなすライン川をはじめ，ハンガリーとスロヴァキアの国境やルーマニアとセルビア，ブルガリアの国境があるドナウ川，ハンガリーとクロアチアの国境をなすドナウ川の支流ドラヴァ川，ドイツとポーランドの国境が走るオーデル川などである．川は人の行く手を阻むから境界になるのは当然だと思われるかもしれない．実際，川の国境は地理学で自然的国境の例として挙げられている．

　しかし，そもそも多くの川は物を運ぶのに利用でき，人の暮らしに欠かせない水を提供してくれるのだから，当然のことながら沿岸には川を介した人の暮らしが営まれ，相互に関係し合ってきた．つまり川は両岸を結ぶ役割を果たしてきたわけで，そうすると川に国境を引くのは，むしろ不自然ということになる．

　それが証拠に，フランスのセーヌ川やローヌ川，ドイツのエルベ川やポーランドのヴィスワ川，イタリアのポー川を見るといい．いずれも国内の広い平野を流れて農地を涵養し，沿岸にはパリをはじめリヨンやマルセイユ，ドレスデンやハンブルク，ワルシャワやミラノなどの大都市が立地している．世界を見渡しても，エジプトのナイル川やパキスタンのインダス川，中国の黄河や長江，アメリカ合衆国のミシシッピ川など，いずれも国土をとうとうと流れている．これらの川が地域と地域を結び付け，国の発展に深く関わってきたのは言うまでもない．

　逆に，川が国境になってところを見ると，地域の人々の暮らしを無視して引かれたものが多いことに気付く．中国・ロシア間のアムール川やインドシナ半島を流れるメコン川，アフリカ中央部のコンゴ川などは，不平等条約や植民地支配の下で引かれた国境である．川を介した暮らしが分断されたことは容易に想像できる．

　先ほど挙げたヨーロッパで川が国境になっている場所を見てみると，その多くが過去に紛争の場となり，あるいは多くの犠牲を出してきたのが分かる．なぜ川が国境になり，そして何が起こってきたのか．2つの国境を見てみよう．

□ オーデル川の国境

　まずドイツとポーランドの国境．これは，第二次世界大戦後にオーデル川とその支流のナイセ川に引かれたことから，「オーデル・ナイセ線」とも呼ばれる．この線が引かれる以前，川はドイツ国内を流れ，西側のザクセン，東側のシュレジエン（現ポーランドのシロンスク）といった地方が川を介して密接につながり，人々の暮らしに深く関わってきた．ところが，戦後ドイツの処理を決めたヤルタ

①ポーランドの国境の変化
(Magocsi, P. R. (1993) Historical Atlas of East Central Europe. Univ. Tronto Pressを一部修正)

会談（1945年2月）で戦勝国，特にソ連の強い要求からここに新しい国境が引かれ，それまで川の東側に広がっていたドイツ領がポーランドに編入された①．

　その結果，ポーランドでは，そこに住むドイツ人を国外に追放する政策がとられ，先祖代々暮らしてきたドイツ人は一斉に故郷を追われることになった．その数は800万人を超えたという．この国境は1950年に東ドイツとポーランドの間で確定されたが，西ドイツは認めたがらず，確定したのは1972年になる．それでもドイツ側には領土を失ったことへの不満，ポーランドではドイツが領土回復を求めてくるのでは，という不安があり続けたことから，1990年のドイツ再統一に際して，両国は将来にわたって国境が不可侵であることを改めて確認している．戦勝国によって強制変更された国境は，こうしてようやく落ち着いた．

　一方，戦後ドイツ人が去った土地にはポーランド人が転入したのだが，そのなかにはウクライナ西部出身の人々がかなりいた．ウクライナ西部にはもともと多くのポーランド人が暮らしていて，第一次世界大戦後はポーランドの領土だった．中心都市リヴィウは今でこそ住民の大半がウクライナ人だが，1931年の時点では約半数をポーランド人が占めていた．しかし，1939年にソ連がナチスドイツと交わした不可侵条約でポーランドの領土を分割した際にこの地域を併合し，大戦後もポーランドに返還せずにソ連の領土にしてしまった．その代わりポーランドにはドイツの領土をあてがったことから，この地域のポーランド人約100万人（150万人とも）がポーランドに引き揚げ，その多くはドイツ人が去った土地に移住した．その結果，オーデル・ナイセ線を境にして歴史や文化がまっ

②ナイセ川に臨むペーター教会 (2005年6月)
15世紀のプロテスタント教会. 左に12世紀の旧インディ
ゴ倉庫が並ぶ.

③ゲルリッツの新市庁舎 (2005年6月)
町の中心のウンターマルクト広場に建つネオルネサンス様式
が美しい.

たく異なる人々が隣り合うことになった. オーデル川の西側がドイツであり続け
たのに対して, 東側には数百kmも離れた地域の伝統を持ち込んだ人々が暮らす
ようになったのである.

　以来, この国境はポーランドと東ドイツを分け, 同じ社会主義国でありなが
ら, 国境を隔てた交流は芳しくなかった. 国境では厳重な検問が行われ, 両国を
結ぶ交通路も積極的に整備されることはなく, 人の往来も限られていた. 双方の
住民にとって川の向こう側は, 関心が向かない別世界のようだったという.

　それから半世紀以上が経った国境に行ってみた. オーデル川の上流, ナイセ川
のほとりにあるドイツの町ゲルリッツ. ポーランドとチェコとの三国国境の少し
北, ちょうど東経15度にあるドイツ最東端の町である. 第二次世界大戦で大規
模な戦災を免れたため, 美しい歴史的景観が残されていることでも知られる.

　ゲルリッツは14世紀以来の通商都市の歴史をもつ. 中世ヨーロッパを東西に
横断した通商路ヴィアレギアがナイセ川を渡る場所に位置し, 西はドイツのライ
プツィヒ, 東はポーランド南西部のヴロツワフ (戦前はドイツのブレスラウ) と
いう通商都市のちょうど中間にあたる. 古くからインディゴや織物の取引で栄
え, 今も多くの歴史的な建物がある. ネオルネサンス様式の新市庁舎が建つウン
ターマルクト広場を中心にして, 中世に建てられた監視塔やいくつもの教会の尖
塔が並ぶ市街地は, 歩くだけで過去を旅しているかのようだ②③. 東ドイツ時代
にその多くが放置されて老朽化したが, ドイツ再統一後の精力的な整備のおかげ

⑤**ゲルリッツのアルトシュタット橋**（2005年6月）
対岸にポーランドの町ズゴゼレッツが見える.

④**ゲルリッツのデッカー塔**（2005年6月）
13世紀建設の監視塔. 手前に2002年完了の市街地整備事業の碑が
立つ.

で美しい景観がみごとに復活した④. 現在, 約4000もの文化財指定の建造物が
町並みを彩っている.

　この町がいかに貴重かは, ドイツのほとんどの都市が戦災で歴史ある町並みを
失ったことから分かる. たとえば近くにあるドレスデンは, かつてドイツで最も
美しい町と称賛されたが, 1945年2月の英米軍による徹底的な空襲で廃墟に
なってしまった. 歴史ある建物が残る町はドイツではかけがえのない存在であ
り, ゲルリッツは古いドイツの町の風情が楽しめるお勧めの場所と言える.

　もっとも, 鉄道駅から町の中心に延びるベルリナー通りの商店街は, かつての
賑わいを示す立派な街並みがある目抜き通りでありながら, 思いのほか静かだ.
他の東ドイツの都市と同じように最近は人口の減少が激しく, 多くの若者がベル
リンや旧西ドイツに転出してしまったことが理由である. 1939年に約9万4000
人だった人口は2019年には約5万5000人にまで減っている.

　国境に向かおう. 旧市街がある台地からナイセ川の谷に降りるとアルトシュ
タット橋が架かっており, ポーランド側に歩いて渡ることができる⑤. ここには
もともとユーゲント様式の支柱が支える美しいトラス橋があったのだが, こと
あろうにドイツが降伏する1945年5月8日の前日に, ソ連軍の侵攻を防ぐために
爆破されてしまった. 戦後国境になった川に, 橋は架けられないままだった. 恐
らく戦中戦後の両国間に起こった忌まわしい記憶が架橋を妨げたのだろう. 再建
は2004年. ポーランドがEUに加盟した年に今の橋は架けられている.

　橋を渡るとポーランドの町ズゴゼレッツがある. かつてはゲルリッツの一部

だったところ．その一角にはドイツ時代（1902年）に開館したオーバーラウジッツ記念館（現在は文化会館）の堂々たる建物がある．ドイツ時代の記念物であり，長らく放置されていたが，アルトシュタット橋の架橋記念の式典を開催するなど，今では国境を越えた協力の場としても利用されている．

ポーランドがEUに加盟し，2007年に国境の通行が自由化されて検問がなくなったことが，両岸のつながりを強めているのは間違いない．ゲルリッツでは「買い物は物価が安いポーランドに行く．」「ポーランドから橋を渡って働きに来る人が多い．」といった声をよく耳にした．国境を越えて人々の暮らしは明らかに連続してきている．この橋の上にいると，両国の間で繰り広げられた対立の歴史は感じにくい．まさにヨーロッパ諸国の協力を目指すEUの効果と言えるだろう．

□ ドナウ川の国境

次の国境の舞台は，ヨーロッパ中央を流れる大河ドナウ川．その中流にあるハンガリーとスロヴァキアの国境である．実はこの国境も比較的新しい．第一次世界大戦後にオーストリア＝ハンガリー帝国が崩壊してチェコスロヴァキアが建国したときに引かれている．

この国境を初めて訪れたのは1992年．場所はハンガリーの町エステルゴム．ここは丘に建つ大聖堂で知られる．そこからドナウ川の雄大な流れが一望できる．対岸はスロヴァキアだ⑥⑦．当時，目に入ったのが川の中央で途切れた鉄橋だった⑧．橋脚はあるものの，鉄橋は手前のハンガリー側の部分しかない．マリアヴァレーリア橋という名で，第二次世界大戦中の1944年12月．ハンガリーを占領していたドイツ軍が，対岸に迫るソ連軍の侵攻を阻止するために爆破した．それが戦後50年近く，断橋のまま放置されていた．

⑦ スロヴァキア・ハンガリー国境

⑥ エステルゴム大聖堂 (2018年8月)

⑧断橋のままだったマリアヴァレーリア橋 (1992年9月)

　大戦後，ハンガリーも当時のチェコスロヴァキアも同じ社会主義国であり，ソ連圏内で友好な関係にあったはずの国である．しかし，橋は架け直されなかった．理由はいくつもあるが，チェコスロヴァキアがハンガリーと橋で結ばれることを望まなかったからだと言われている．その理由を説明しよう．

　この国境が定められたのは第一次世界大戦後の1920年．戦後のハンガリーの国境を決めたトリアノン条約による．大戦前までこの地域を支配していたハンガリーは，戦後もドナウ川両岸のハンガリー人が住む地域を領土として主張した．しかし，新しく独立するチェコスロヴァキアがドナウ川の北側の地域を領土として要求すると，当時はそれまで抑圧されてきた民族の自決権を尊重し，また国境画定の根拠として自然的国境を選ぶ傾向が強かったことから，チェコスロヴァキアの主張が通って現在のドナウ川の国境が成立することになった．

⑨コマールノの旧市街に建つ市庁舎 (2000年8月)

⑩スロヴァキア語とハンガリー語で書かれた文房具店の看板 (2000年8月)

⑪再建されたマリアヴァレーリア橋 (2018年8月)

　その結果, 多くのハンガリー人がスロヴァキア側に残されることになった. その状況は現在まで続いており, 2011年でも約46万人のハンガリー人が少数民族として住んでいる. たとえばドナウ河畔にあるスロヴァキアの国境の町コマールノ. もともとハンガリー王国の重要な港町で, ハンガリー文化の拠点でもあった⑨. 『メリーウィドウ』などの名作で知られるハンガリー人作曲家フランツ レハールの出身地でもある. ハンガリー王国時代の1919年では, 町の人口1万6552人のうち1万3869人（83.8％）がハンガリー人だった. その後チェコスロヴァキア領になってスロヴァキア人が増えたが, 2011年でも3万4349人のうち1万8506人（53.9％）がハンガリー人という状況である⑩.

　民族自決の原則が適用されず, 多くのハンガリー人を国外に残したことから, ハンガリーには大きな不満が残り, 第二次世界大戦ではナチスドイツと手を組んでスロヴァキアの南半部を併合する挙に出た. しかし, 敗戦とともに以前の国境に戻されてしまう. やむなくハンガリー政府は, スロヴァキアに住むハンガリー人に対してハンガリー語教育などの支援を続けた. この状況で国境に橋が架かると, 国境を越えたハンガリー人同士の結束が強まってチェコスロヴァキアの求心力が弱まる恐れがあった. そうして橋は架け直されないままになったという.

　ところが, 2001年になって橋は再建される⑪. 将来の加盟を見据えてEUが用意した復興支援金を両国が利用したからである. 今後の経済発展にとって交通の整備は不可欠であり, そのために橋が必要なのは明らかだった. もっとも, そこには政治的意図も絡んでいたようだ. EUへの加盟の条件には少数民族問題や加盟国間の領土問題の解決が挙げられている. ハンガリーもスロヴァキアもそのための条件づくりという点で利害は一致した. 両国の「友好の証し」として橋は架けられ, 果せるかな, 両国は2004年にそろってEU加盟を手にしたのである.

　ヨーロッパの川を走る国境の多くは, 戦争によって定められた. だから国境を

挟む人々の意識に温度差があるのは当然だろう．それがEUに入って国境を越えた人の交流が盛んになるにつれて，ゆっくりではあるが相互の関係は改善されつつある．2015年に起こった難民の大量流入，そして2020年に始まった新型コロナウイルス感染症の大流行．いずれも加盟国同士の協力が求め続けられている．過去にこだわる狭隘なナショナリズムを捨てて，国境を挟んで協力していくことが求められており，川の国境も着実にヨーロッパ統合の枠組みに置かれている．

□ 国境を感じないリバークルーズ

　以上，ヨーロッパの川と国境について，国と国の関係からお話ししてきた．川が地域と地域を結び付けてきた一方で，そこに引かれた国境がそれを遮り，時として戦場にもなった．川はさまざまな人が集まり，出会う場所だったからで，その点で川を介してヨーロッパは歴史を歩んできたと言えなくもない．

　そうした川が果たしてきた役割を振り返りつつ，今度は少し違う角度から見てみよう．改めてヨーロッパの地図を眺めると，川がさまざまな国や地域を流れ，異なる文化と接して流れていることに気付く．これは言い換えれば，川の流れに沿って行くと，多様な地域が次から次へと目の前に現れてくることになる．沿岸には個性ある町があり，多様な暮らしをする人々がいる．そこで川を巡ればいろいろな地域を楽しむこともできる．となれば，川を航行するリバークルーズが，ヨーロッパで早くから人気を博してきたのも当然のように思えてくる．

　ヨーロッパで観光が盛んになった19世紀．ライン川やセーヌ川に多くの蒸気船が就航し，観光客で賑わった．ゆったりとした流れに乗って船上からの風景を楽しむ旅が，ヨーロッパの人々をとりこにしてきた．古城やローレライの岩，両岸に広がるパリの町並みなど，人々は船上に居ながらにして，多彩な自然や都市を巡る旅の醍醐味を心ゆくまで堪能した．

　なかでもドナウ川クルーズは，規模においても迫力においても群を抜いていた．ヨーロッパ最大の流域面積を誇るこの大河を地図帳で探すと，南ドイツからオーストリア，ハンガリーを経て，セルビアやルーマニアを流れ，黒海に注いでいる．つまり，西ヨーロッパから東ヨーロッパに向かって流れる川である．それは旅好きの西ヨーロッパの人々の好奇心を大いに掻き立てた．ドナウ川を下れば西とは違う歴史や文化がある地域に行ける．黒海の先はアジアである．

　実際，ドナウ川クルーズの歴史をさかのぼると，100年以上前，この川がオーストリア＝ハンガリー帝国を流れていた時代にブームを迎えている．国土の中央をドナウ川が西から東に流れ，沿岸にはウィーンやブラティスラヴァ，ブダペス

ト，ベオグラードなど多くの都市が立地している．川は各地を結び付け，国の繁栄をもたらした．この国が「ドナウ帝国」と呼ばれたのもうなずける．

　当時，この船旅がいかに魅力的だったか．それを示すドナウ川クルーズの冊子が手元にある．1909年発行の『ドナウ川―パッサウから黒海まで』で，ウィーンの古書店の店先に置かれていたもの．上流のドイツ国境の町パッサウで船に乗り込み，ウィーン，ブダペスト，ベオグラードの町を眺めながら，黒海まで下っていく旅行ガイドブックである⑫．その巻頭にはこう書かれている．

　「ドナウ川はヨーロッパの数ある川でもとりわけコスモポリタンである．この川からはさまざまな人々の暮らしを目のあたりにすることができる．東へと下っていけば，いろいろな民族に出会える！沿岸にはなんと多様な言語や風習，民族衣装が見られることだろう．ヨーロッパはおろか全世界を見渡

⑫ドナウ川クルーズの旅行ガイドブック

しても，ドナウ川ほど流域にこれほど多様な民族をみることはないはずだ．ドイツ人，チェコ人，ハンガリー人，ルーマニア人，ブルガリア人，セルビア人，ロシア人，トルコ人など6000万以上もの人々が多彩な文化を展開している．」

⑬旅行ガイドブックに掲載されたロマの子どもたち

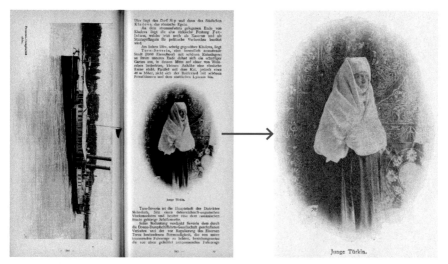

⑭旅行ガイドブックに掲載された若いトルコ人女性

　ドナウ川の船旅で多彩な文化が楽しめる．それはさながら世界旅行に匹敵する
かのような書きぶりだ．ガイドブックには沿岸の城や教会などの挿絵が数多く
載っており，ページをめくっていくと今のセルビアあたりにロマとトルコ人の絵
も見える⑬⑭．沿岸の多様な文化がクルーズの目玉だったのがよく分かる．

　もっとも，ロマもトルコ人もその一帯に暮らしているものの，奇妙なことに解
説の文章は一切ない．ウィーンで出版されたこのガイドブックの読者に対して，
彼らの姿はエキゾチックで魅力ある場所のイメージとして使われたように見える．
今と違って地域についての情報が少なかった当時，ドナウ川クルーズを別世界へ
の旅に仕立て上げるために彼らの姿を載せ，人々の旅心をあおったのだろう．

　しかも興味深いのは，このガイドブックには国境についての説明もないこと
だ．当時，ドナウ川は広大なオーストリア＝ハンガリー帝国を流れ，下流はセル
ビアやルーマニア，ブルガリアに至っていた．しかし，ここには国境の話題どこ
ろか，パスポートの説明もない．旅行ガイドブックとしては不親切な気がする
が，乗船券を買う段で国境の情報は得られるわけだから，むしろ船旅の魅力をア
ピールするのが目的と見れば，合点がいく．この本を手にした読者たちは，上流
から下流まで変わりゆく風景にひたすら胸が躍らせたに違いない．

　ちなみに旅行ガイドブックをはじめ旅行記や探検記など，ヨーロッパでは早く
から各地の地理や歴史に関する書物が出版されてきたので，町の古書店に行け
ば，かつての地域の様子を知る本に出会えたりする．最近はインターネットの普

⑮ウィーンの古書店
(2019年6月)

及もあってかなりの古書店が消えたが，いまだ老舗も健在で，長居をして古書の世界に浸ることができる⑮．古書の価格は必ずしも中身と対応しない．古書には骨董品としての価値とは別に，書かれている内容の価値があるのだが，希少性が優先されて貴重な内容の本に意外な値段がついていることもある．古書は絵を見るだけでも飽きないので，時間があれば古書店巡りをお勧めしたい．

　川に話を戻すと，帝国時代に賑わったドナウ川クルーズは，その後，東西冷戦で厳戒の国境が引かれたために大幅に縮小してしまう．しかし，それも冷戦が終わると息を吹き返し，今や再び多くの観光客で賑わっている．

　南ドイツのパッサウからハンガリーのブダペストまでの4日間の旅．そのルートには多彩な風景が並び，船上から存分に楽しめる．順に行けば，オーストリアの町リンツ，丘にそびえるメルクの修道院，ブドウ畑が美しいヴァッハウ渓谷⑯，ウィーンやブラティスラヴァの町並み，どこまでも広いハンガリー平原，コマールノの要塞，エステルゴム大聖堂やヴィシェグラード城，センテン

⑯ 船旅が楽しいヴァッハウ渓谷
(2019年9月)

⑰ブダペストのドナウ川に浮かぶ船上レストラン (2000年8月)

ドレの牧歌的な風景．そしてブダペストといった具合だ⑰．

　ゆったりとした船旅である．途中で国境を越えたはずだが，船上からの風景は連続していてどこが国境なのか気が付かない．まるで国境のないヨーロッパを旅しているかのようである．リバークルーズが人気を博してきたのも，障壁のない世界が楽しめたからだろう．ガイドブックが言うように，船から見るヨーロッパはコスモポリタンに映る．しかもそれは冒頭の古地図で見た，川で結ばれたヨーロッパの姿とも重なってくる．そしてそこまで考えると，今ある国境が長く繰り広げられてきた歴史の産物にであることに気付くだろう．国境にはそれぞれの物語があり、現場ではあたかも語り部のように眼前に迫ってくるのである．

□ 国境の旅に出かけよう

　以上でヨーロッパの国境を訪ねる旅はおしまいになる．いかがだっただろうか．ヨーロッパにはさまざまな国境があり，今は自由に行き来できる国境にも，かつては厳しい検問と紛争が繰り広げられた歴史がある．そんな国境について，現場で考えたことをお伝えできたなら幸いである．

　改めて振り返ると，ヨーロッパの国境には2つの特徴が挙げられる．1つは，国境が人や物の通過する場所であり，国境を隔てた地域が結び付いてきたこと．そもそも国境がない時代から人々は行き来し，一帯には共通の文化が育まれてきた．その後に国境が引かれても人や物の移動は続き，国境を越えたつながりがあり続けてきた．そして今，EUの国境が自由通行の場なのはご存じの通りである．

　もう1つは，国境が人や物の移動を規制し，人々の暮らしを制限してきたこと．柵や壁が設けられ，厳しい警備によって国境を隔てた地域同士の交流は妨げられ，しばしば断絶や対立にまで発展した．鉄のカーテンはその代表例で，国境は交流を制限し，地域を分断し，相互のつながりを遮断する障壁でもあった．

　つまり，国や地域の関係が良好ならば国境は両者を結び付ける架け橋となり，両者の関係が悪化すれば国境は障壁となってきたわけである．

　架け橋と障壁．本書でご紹介したヨーロッパの国境（境界）では，過去から現在まで両者が繰り返し現れてきた．アルザス，東西ドイツ，ドイツ・チェコ国境はまさしくその舞台となった．北イタリアにある文化の境界やブラティスラヴァのような都市，さらには紛争にまみれたクロアチアにもこうした国境の二面性が確認できる．かつてヨーロッパ各地を移動したユダヤ人たちは，国内の少数集団として排除され，やがて国境越えを強いられ，収容所へと消えていった．まさに彼らは国境がもつ二面性に翻弄された犠牲者と言えるだろう．

⑱**オーストリアからイタリアに入るブレンネロ峠の国境**（2006年10月）
道路脇に国境の標石が立つが検問はなく，車が自由に行き来する．

⑲**クロアチア・スロヴェニア国境**
（2018年8月）
同じEUでもシェンゲン圏（p.133）のスロヴェニア入国にはしっかり検問があり，地中海でのヴァカンス帰りの車が長い列をつくっている．手前はドイツからの車．

　こうして国境の変化を見てくると，自由に行き来できる現在のヨーロッパの国境は，かつて川が果たしてきた役割と重なり，あたかも川に架けられた橋のように見えてくる．何やら架け橋つながりの言葉遊びにも聞こえそうだが，まさに今，ヨーロッパは本来の姿に回帰してきたのだと言えるのではないだろうか．

　ちなみに世界の国境に目を向けると，厳重な警戒がなされていて，写真撮影はおろか立ち止まって観察することも許されない場所ばかり．日本の国境もしかり．「不法占拠」「領海侵犯」といったきな臭い言葉が飛び交っている．行動が厳しく制限され，銃を手にした警備のものものしい様子を目の当たりにしてやるせない気持ちにさせられるのが，よくある国境体験である．

　改めて振り返ると，世界に近代国家が生まれて以来，国境は国土と国民を守るために厳格に維持されてきた．そこで，国民が国境を越えても安全が保障されるように，パスポートが生まれた．だから世界どこに行くにもパスポートが欠かせないし，国境では必ずチェックを受けることになる．それが近代以降の世界の常識である．その常識があるからこそ，パスポートなしで国境が越えられるヨーロッパがいかに画期的なことか．世界の国境と比べてみて分かるだろう⑱⑲．

　もっとも，歴史に終わりがないように，今あるヨーロッパの国境の状況が変わらない保証もない．現に2020年に新型コロナウイルス感染症がヨーロッパで大流行すると，各国は慌てて国境を閉鎖し検問を再開した．国境の様子はかくも変わりやすいのである．おそらくこの先も国境を巡る物語は尽きないだろう．今の国境を見ておけば，変わりゆく国境の行方がたどれる．興味は広がるばかりだ．

　ヨーロッパの地図に引かれたいくつもの線．それぞれに歴史があり，地域特有の事情が絡んでいる．国境を訪ねて景観を観察するだけで，必ずや新しい発見があるはずである．ぜひ国境を知るための地理紀行に出かけたいものである．

国境アラカルト 6 ─国境を越えるとワクワクする

　ところは成田空港．これからヨーロッパだ．駐機場を離れてしばらくすると，やがて大きなエンジン音とともに滑走が始まる．思わず緊張するものの，それがやたら心地いい．流れる風景を見ていると自然と胸が高鳴ってくる…．これまで何十回となく繰り返してきた離陸のシーンである．日常から離れる解放感と，国境を越えて向かう外国への期待からだろう．とにかく国際線はワクワクする．こういう方，皆さんのなかにもきっとおられるに違いない．

　国境は場所と場所を分ける境界である．その境界で様子が変わることから，この線を越えると別の世界に行く気がする．国境は未知の世界への入り口であり，まさにそれこそが境界としての国境がもつ魅力と言えるだろう．

　ずいぶん昔のことで恐縮なのだが，小学校にあがる頃，川崎市の百合丘というところに住んだことがある．今でこそ小田急沿線の住宅地だが，当時はまだ一面の野山で，そこに新しく造成された団地が周囲とは別の世界をつくっていた．ある日，どうしたはずみか野山の先に外国があると思って西に向かって歩き出したことがある．しばらく行ってあきらめて戻ってきたのだが，団地と野山の境目を越えてひとりで林のなかを歩いたドキドキ感が懐かしい．

　ヨーロッパの国境に興味を持ち続けているのは，そんな体験からかもしれない．隣の国に行くと必ず新しい発見がある．国境はそうした刺激に満ち満ちている．この際，あえて国境を見に行く旅というのはいかがだろう．一味違うヨーロッパに出会えるはずである．

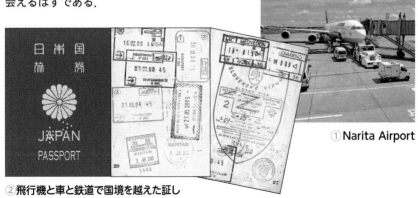

①Narita Airport

②飛行機と車と鉄道で国境を越えた証し

参考文献

　本書ではヨーロッパの国境のうち，特に中央から東部にかけての地域のものを取り上げた．ここではヨーロッパ全体の地域を見渡すための文献，そしてそれに続けて，お話ししたそれぞれの国境に関連する主な文献をご紹介する．

地域全体

芝　宜弘・伊東孝之・南塚信吾・直野　敦・萩原　直監修（2015）『新版　東欧を知る事典』平凡社.

加賀美雅弘編（2011）『EU』朝倉書店（世界地誌シリーズ3）.

加賀美雅弘（2019）『食で読み解くヨーロッパ―地理研究の現場から』朝倉書店.

加賀美雅弘編（2019）『ヨーロッパ』朝倉書店（世界地誌シリーズ11）.

加賀美雅弘・木村　汎編（2007）『東ヨーロッパ・ロシア』朝倉書店（朝倉世界地理講座10）.

中欧・東欧文化事典編集委員会編（2021）『中欧・東欧文化事典』丸善出版.

山本健児・平川一臣編（2014）『中央・北ヨーロッパ』朝倉書店（朝倉世界地理講座9）.

Travel 1

加賀美雅弘（2017）「地理紀行」の発足によせて．E-journal GEO 12, 116-117.

加賀美雅弘・荒井正剛編（2018）『景観写真で読み解く地理』古今書院（東京学芸大学地理学会シリーズⅡ 3）.

加賀美雅弘・川手圭一・久邇良子（2014）『ヨーロッパ学への招待―地理・歴史・政治からみたヨーロッパ　第二版』学文社.

ジョーダン＝ビチコフ，T. G.・ジョーダン，B. B. 著，山本正三・石井英也・三木一彦訳（2005）『ヨーロッパ―文化地域の形成と構造』二宮書店.

ポミアン，K. 著，松村　剛訳（2002）『増補　ヨーロッパとは何か』平凡社（平凡社ライブラリー）.

リヴィングストン，D. N. 著，梶　雅範・山田俊弘訳（2014）『科学の地理学―場所が問題になるとき』法政大学出版局.

Travel 2

ヴァンソン藤井由美（2011）『ストラスブールのまちづくり―トラムとにぎわいの地方都市』学芸出版社.

内田日出海（2009）『物語 ストラスブールの歴史―国家の辺境，ヨーロッパの中核』中央公論新社（中公新書）.

オッフェ，F. 著，宇京頼三訳（1987）『アルザス文化論』白水社.

谷川　稔（1999）『国民国家とナショナリズム』山川出版社（世界史リブレット35）.

手塚　章・呉羽正昭編（2008）『ヨーロッパ統合時代のアルザスとロレーヌ』二宮書店.

ホブズボーム，E. J. 著，浜林正夫・神武庸四郎・和国一夫訳（1984）『産業と帝国』未来社.

Travel 3
田中克彦（1981）『ことばと国家』岩波書店（岩波新書）.
ドーデ，A. 著，南本　史訳（2015）『最後の授業』ポプラ社（ポプラポケット文庫）.
フィリップス，E. 著，宇京頼三訳（2007）『アイデンティティの危機—アルザスの運命』三元社.
フィリップス，E. 著，宇京頼三訳（2010）『アルザスの言語戦争』白水社.
リグロ，P. 著，宇京頼三訳（1999）『戦時下のアルザス・ロレーヌ』白水社（文庫クセジュ）.
ロート＝ツィマーマン，M. -L. 著，早坂七緒訳（2004）『アルザスの小さな鐘—ナチスに屈しなかった家族の物語』法政大学出版局.

Travel 4
ヴァイツゼッカー，R. v. 著，永井清彦訳（2010）『ドイツ統一への道』岩波書店.
河合信晴（2020）『物語 東ドイツの歴史—分断国家の挑戦と挫折』中央公論新社（中公新書）.
小林浩二（1993）『統合ドイツの光と影』二宮書店.
高橋　進（1999）『歴史としてのドイツ統一—指導者たちはどう動いたか』岩波書店.
フィルマー，F. 著，木戸衛一訳（2001）『岐路に立つ統一ドイツ—果てしなき「東」の植民地化』青木書店.
レダー，A. 著，板橋拓己訳（2020）『ドイツ統一』岩波書店（岩波新書）.

Travel 5
大鷹節子（2002）『私はチェコびいき—大人ための旅案内』朝日新聞社.
川喜田敦子（2019）『東欧からのドイツ人の「追放」—二〇世紀の住民移動の歴史のなかで』白水社.
薩摩秀登（2006）『物語 チェコの歴史—森と高原と古城の国』中央公論新社（中公新書）.
薩摩秀登（2021）『図説 チェコとスロヴァキアの歴史』河出書房新社.
中田瑞穂（2012）『農民と労働者の民主主義—戦間期チェコスロヴァキア政治史』名古屋大学出版会.
山本　茂（2015）『クォ・ヴァディス・ポーランド—ポーランド地理学研究』開成出版.

Travel 6
今井　敦（2004）『三つのチロル』新風舎.
コラリーツィ，S. 著，村上信一郎・橋本勝雄訳（2010）『イタリア20世紀史—熱狂と恐怖と希望の100年』名古屋大学出版会.
佐貫亦男（1983）『佐貫亦男のチロル日記』山と渓谷社.
土肥秀行・山手昌樹編著（2017）『教養のイタリア近現代史』ミネルヴァ書房.

原　聖・庄司博史編（2005）『ヨーロッパ』明石書店（講座 世界の先住民族06）.

山下清海編著（2011）『現代のエスニック集団を探る―理論からフィールドへ』学文社.

山之内克子（2019）『物語 オーストリアの歴史―中欧「いにしえの大国」の千年』中央公論新社（中公新書）.

Travel 7

川崎嘉元編著（2007）『エスニック・アイデンティティの研究―流転するスロヴァキアの民』中央大学出版部.

小林浩二・小林月子・大関泰宏編著（2008）『激動するスロヴァキアと日本―家族・暮らし・人口』二宮書店.

薩摩秀登編著（2003）『チェコとスロヴァキアを知るための56章』明石書店（エリア・スタディーズ）.

羽場久美子編著（2018）『ハンガリーを知るための60章―ドナウの宝石 第2版』明石書店（エリア・スタディーズ）.

林　忠行（1991）『粛清の嵐と「プラハの春」―チェコとスロヴァキアの40年』岩波書店（岩波ブックレット シリーズ東欧現代史3）.

南塚信吾編（1999）『ドナウ・ヨーロッパ史』山川出版社（世界各国史19）.

Travel 8

加賀美雅弘編著（2005）『「ジプシー」と呼ばれた人々―東ヨーロッパ・ロマ民族の過去と現在』学文社.

金子マーティン編（1998）『「ジプシー収容所」の記憶―ロマ民族とホロコースト』岩波書店.

芝　健介（2008）『ホロコースト―ナチスによる大量殺戮の全貌』中央公論新社（中公新書）.

中谷　剛（2007）『ホロコーストを次世代に伝える―アウシュヴィッツ・ミュージアムのガイドとして』岩波書店（岩波ブックレット710）.

中谷　剛（2012）『アウシュヴィッツ博物館案内　新訂増補版』凱風社.

ベラー, S. 著, 桑名映子訳（2008）『世紀末ウィーンのユダヤ人 1867-1938』刀水書房.

Travel 9

木戸　泉（2020）クロアチア紛争後のコメモレーションによるナショナル・アイデンティティの強化と継承. E-journal GEO 15(1), 74-100.

柴　宜弘編著（2016）『バルカンを知るための66章 第2版』明石書店（エリア・スタディーズ）.

柴　宜弘（2021）『ユーゴスラヴィア現代史　新版』岩波書店.

柴　宜弘・山崎信一編著（2019）『ボスニア・ヘルツェゴヴィナを知るための60章』明石書店（エリア・スタディーズ）.

月村太郎（2006）『ユーゴ内戦―政治リーダーと民族主義』東京大学出版会.

ドーニャ, R. J.・ファイン, J. V. A. 著, 佐原徹哉訳（1995）『ボスニア・ヘルツェゴ

ヴィナ史―多民族国家の試練』恒文社.

山本明代・ノルベルト，P. 編（2017）『移動がつくる東中欧・バルカン史』刀水書房.

Travel 10

岩下明裕（2016）『入門国境学―領土，主権，イデオロギー』中央公論新社（中公新書）

岡部みどり編（2016）『人の国際移動とEU―地域統合は「国境」をどのように変えるのか？』法律文化社.

織田武雄（2018）『地図の歴史―世界篇・日本篇』講談社（講談社学術文庫）.

加賀美雅弘（1997）『ハプスブルク帝国を旅する』講談社（講談社現代新書）.

小林浩二（2005）『中央ヨーロッパの再生と展望―東西ヨーロッパの架け橋はいま』古今書院.

トーピー，J. C. 著，藤川隆男訳（2008）『パスポートの発明―監視・シティズンシップ・国家』法政大学出版局.

羽場久美子（2016）『ヨーロッパの分断と統合―拡大EUのナショナリズムと境界線―包摂か排除か』中央公論新社.

▌国境アラカルト

1

カデロ マンリオ（2012）『コスモポリタンになろう―人生もっとシンプルに』日本加除出版.

坂本鉄男（1992）『イタリア 歴史の旅』朝日新聞出版（朝日選書）.

2

トートランド，J. 著，常盤新平訳（1978）『バルジ大作戦』角川書店（角川文庫）.

ライアン，C. 著，八木　勇訳（1980）『遥かなる橋（上・下）』早川書房（ハヤカワ文庫）.

3

浮田典良・加賀美雅弘・藤塚吉浩・呉羽正昭（2015）『オーストリアの風景』ナカニシヤ出版.

カステラン，G.・ベルナール，A. 著，千田　善訳（2000）『スロヴェニア』白水社（文庫クセジュ）.

4

岩根圀和（2002）『物語 スペインの歴史―海洋帝国の黄金時代』中央公論新社（中公新書）.

増田義郎監修（1992）『スペイン』新潮社（読んで旅する世界の歴史と文化）.

5

カッタルッツァ，A.・サンテス，P. 著，太田佐絵子訳（2017）『地図で見るバルカン半島ハンドブック』原書房.

柴　宜弘・石田信一編著（2013）『クロアチアを知るための60章』明石書店（エリア・スタディーズ）.

索　　引

著者略歴

加賀美雅弘
（かがみまさひろ）

1957 年　大阪府に生まれる
1985 年　筑波大学大学院地球科学研究科博士課程単位取得退学
現　在　東京学芸大学人文社会科学系・特任教授
　　　　理学博士
〔おもな著作〕
『食で読み解くヨーロッパ―地理研究の現場から―』（朝倉書店，2019 年）
『ヨーロッパ（世界地誌シリーズ 11）』（編著，朝倉書店，2019 年）
『景観写真で読み解く地理』（共編著，古今書院，2018 年）
『ヨーロッパ学への招待』（共著，学文社，2010 年）
『東ヨーロッパ・ロシア（朝倉世界地理講座 10）』（共編著，朝倉書店，2007 年）
『「ジプシー」と呼ばれた人々』（編著，学文社，2005 年）
『ハプスブルク帝国を旅する』（講談社，1997 年）など

国境で読み解くヨーロッパ
　―境界の地理紀行―　　　　　　　　　　定価はカバーに表示

2022 年 5 月 1 日　初版第 1 刷

著　者　加　賀　美　雅　弘

発行者　朝　倉　誠　造

発行所　株式会社　朝　倉　書　店

　　　　東京都新宿区新小川町 6-29
　　　　郵　便　番　号　162-8707
　　　　電　話　03（3260）0141
　　　　F A X　03（3260）0180
　　　　https://www.asakura.co.jp

〈検印省略〉

Ⓒ 2022〈無断複写・転載を禁ず〉　　印刷・製本　ウイル・コーポレーション

ISBN 978-4-254-16364-3　C 3025　　　　　Printed in Japan

学芸大 加賀美雅弘著

食で読み解くヨーロッパ

—地理研究の現場から—

16360-5 C3025　　　A 5 判 176頁 本体3000円

ヨーロッパの食文化から，地域性・自然環境・農業・都市・観光・工業・エスニック集団・グローバル化など諸現象を掘り下げ，その地誌を紐解く。写真・地図を多用。〔内容〕ムギと油脂／ジャガイモ／砂糖／ビール／トウモロコシ／コーヒー／他

学芸大 加賀美雅弘編
世界地誌シリーズ 9

ロ　　シ　　ア

16929-4 C3325　　　B 5 判 184頁 本体3400円

ロシア地誌学のテキスト。自然・産業・文化などから全体像をとらえ，日本や東アジア，世界との関係性を解説する。〔内容〕総論／国土と自然／開発と資源／農業／工業／社会経済／都市／伝統文化／民族と地域文化／日本・世界との関係

学芸大 加賀美雅弘編
世界地誌シリーズ11

ヨ　ー　ロ　ッ　パ

16931-7 C3325　　　B 5 判 180頁 本体3400円

教員を目指す学生のためのヨーロッパ地誌学テキストの改訂版。大きく変容するヨーロッパ・EUを多面的な視点から解説する。〔内容〕総論／自然環境／農業／工業／都市／観光／市民の暮らし／地域主義・民族／移民問題／国境／世界とEU

学芸大 加賀美雅弘・元拓大 木村　汎編
朝倉世界地理講座10

東ヨーロッパ・ロシア

16800-6 C3325　　　B 5 判 440頁 本体16000円

〔東ヨーロッパ〕東ヨーロッパの諸特性／改革後の新しい変化／新しいEU加盟諸国と加盟予定国／EU統合と東ヨーロッパ／〔ロシア〕自然地理／人口論／多民族国家／産業／エネルギー資源／環境汚染と保護／宗教／ジェンダー／他

日大 矢ケ﨑典隆・立正大 山下清海・学芸大 加賀美雅弘編
シリーズ〈地誌トピックス〉1

グローバリゼーション

—縮小する世界—

16881-5 C3325　　　B 5 判 152頁 本体3200円

交通機関，インターネット等の発展とともに世界との距離は小さくなっている。第1巻はグローバリゼーションをテーマに課題を読み解く。文化の伝播と越境する人，企業，風土病，アグリビジネスやスポーツ文化を題材に知見を養う。

立正大 伊藤徹哉・立正大 鈴木重雄・
立正大学地理学教室編

地理を学ぼう 地理エクスカーション

16354-4 C3025　　　B 5 判 120頁 本体2200円

地理学の実地調査「地理エクスカーション」を具体例とともに学ぶ入門書。フィールドワークの面白さを伝える。〔内容〕地理エクスカーションの意義・すすめ方／都市の地形と自然環境／火山／観光地での防災／地域の活性化／他

立正大 島津　弘・立正大 伊藤徹哉・
立正大学地理学教室編

地理を学ぼう 海外エクスカーション

16359-9 C3025　　　B 5 判 116頁 本体2600円

海外を舞台としたエクスカーションの進め方と具体的な事例を紹介。実際に行くのが難しい場合の「紙上エクスカーション」の手引きとしても。〔内容〕アウシュヴィッツ／シンガポール／シアトル／ニューカレドニア／カナリア諸島／マニラ／他

矢ケ﨑典隆・加賀美雅弘・牛垣雄矢編著
地理学基礎シリーズ 3

地　誌　学　概　論 （第2版）

16820-4 C3325　　　B 5 判 184頁 本体3400円

中学・高校教員を目指す学生のための定番教科書。全編カラー。〔内容〕身近な地域の地誌／地域変化の歴史地誌／朝鮮半島／中国／インド／東南アジア／オーストラリア／中東／ヨーロッパ／アメリカ合衆国／ラテンアメリカ／アフリカ／他

日本地図学会編集代表　前法政大 森田　喬

地　図　の　事　典

16358-2 C3525　　　B 5 判 532頁 本体18000円

「知る」「作る」「使う」を軸にした総合事典。あらゆるものが地図的表現の対象となりうる今日，地図リテラシーの基幹部分を示すべく，専門家に限らずすべての利用者に向け編集。〔内容〕地図を知る（地図とは何か／地図の歴史／地図と社会／地図の種類／地図の挑戦）／地図を作る（地図の原理／地図作成の類型／地図の作図・デザイン／地図の製作・複製／ネットワーク環境の地図）／地図を使う（地図利用の基本／地図の目的別利用／地図の入手／地図の保存・活用／地図と教育・研究）